# CHINA DUNHUANG

CHINA DUNHUANG

敦煌研究院　編

江蘇鳳凰美術出版社

CHINA
DUNHUANG

CHINA
DUNHUANG

CHINA
DUNHUANG

# 絲綢之路示意圖

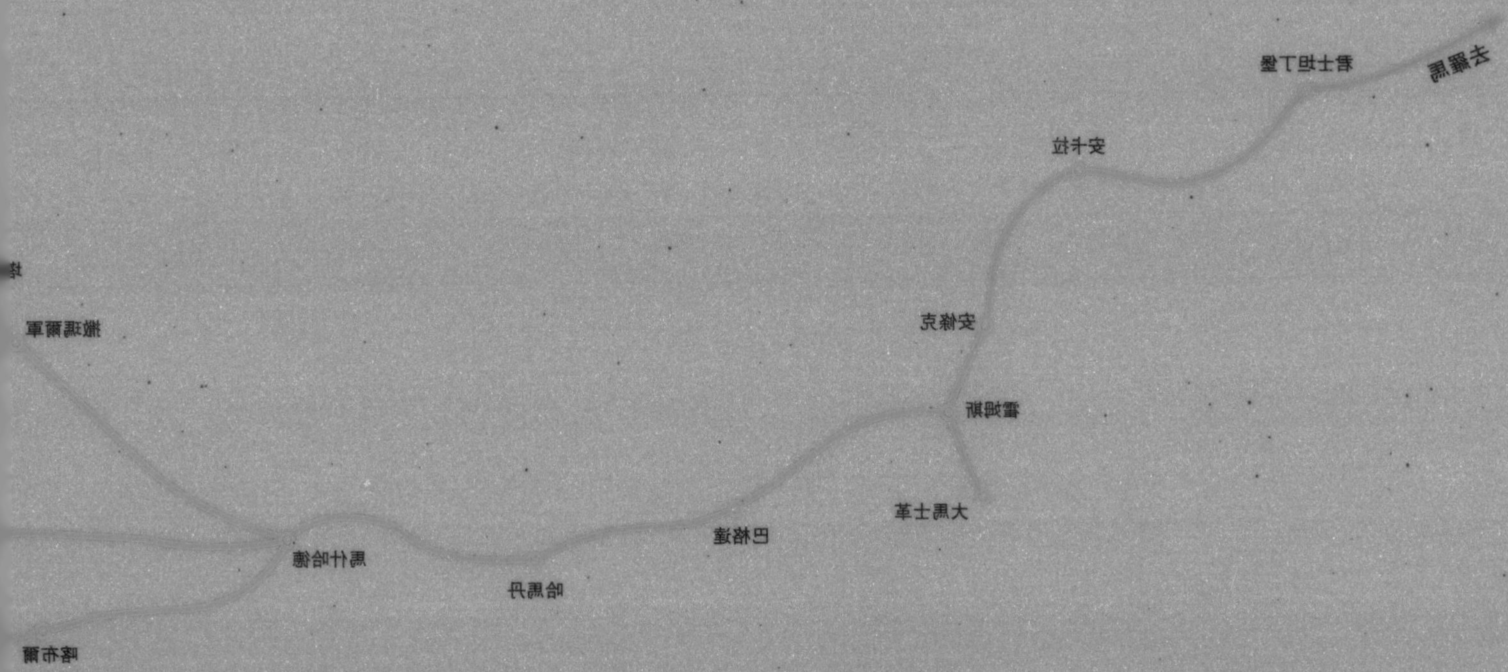

# 絲綢之路示意圖

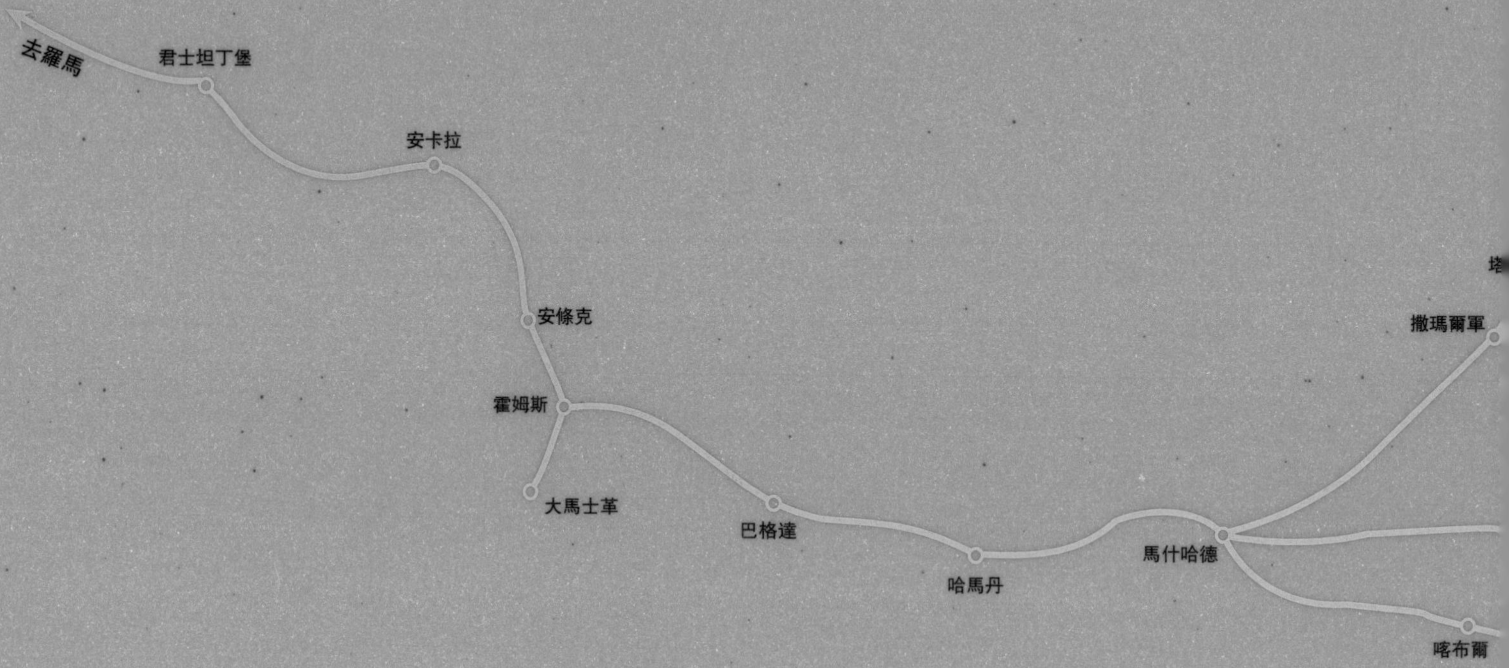

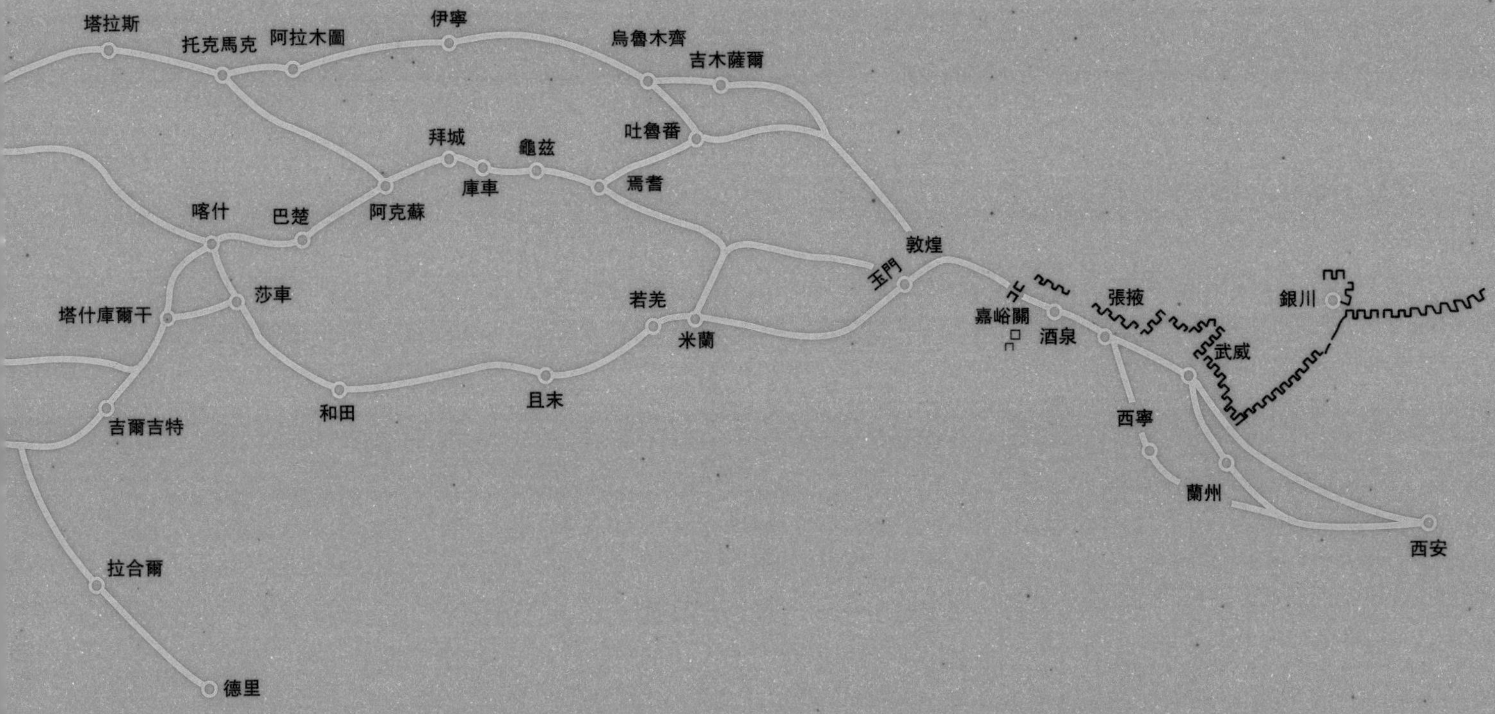
塔拉斯
托克馬克
阿拉木圖
伊寧
烏魯木齊
吉木薩爾
吐魯番
拜城
龜茲
庫車
焉耆
喀什
巴楚
阿克蘇
敦煌
玉門
塔什庫爾干
莎車
若羌
米蘭
嘉峪關
酒泉
張掖
武威
銀川
西寧
蘭州
西安
和田
且末
吉爾吉特
拉合爾
德里

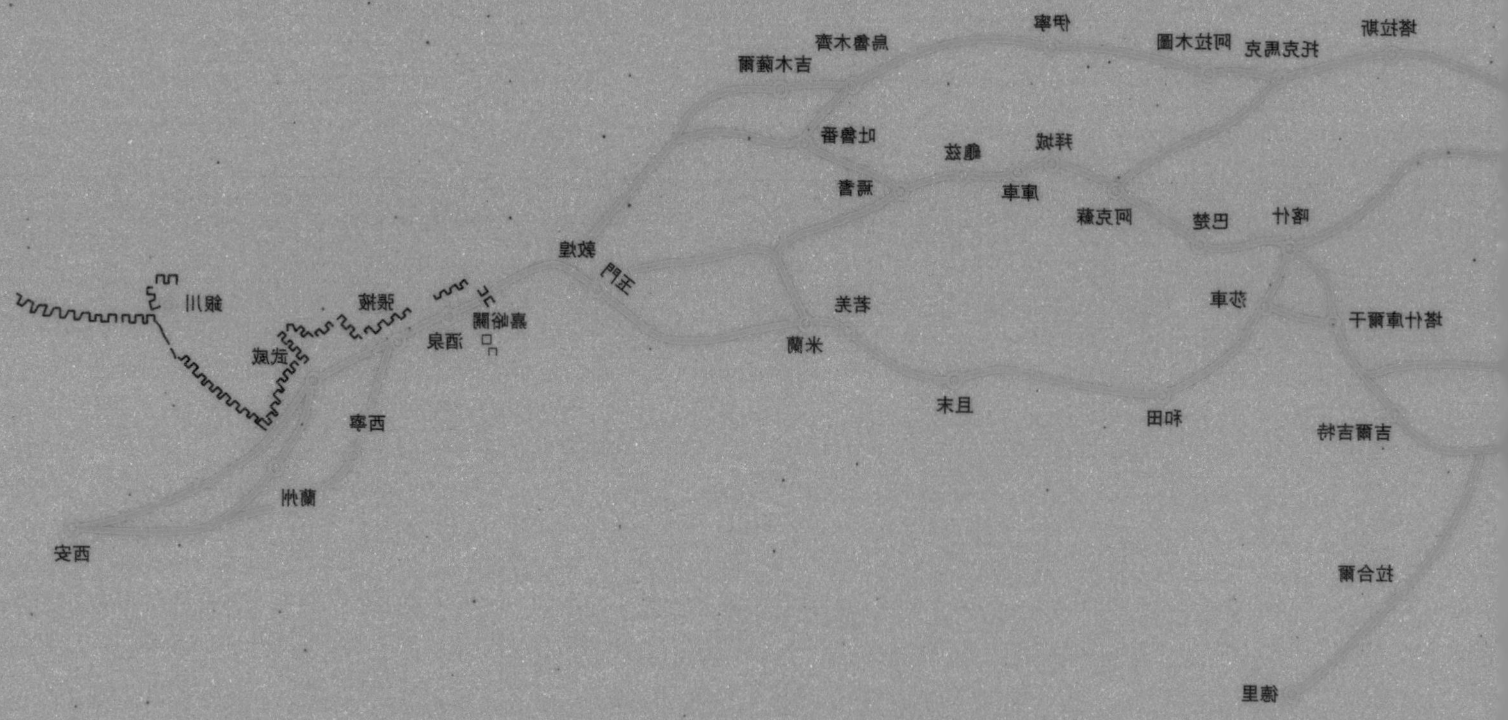

銀川
武威
張掖
酒泉
嘉峪關
西寧
蘭州
西安
敦煌
玉門
若羌
米蘭
且末
和田
莎車
喀什
巴楚
阿克蘇
庫車
龜茲
拜城
焉耆
吐魯番
吉木薩爾
烏魯木齊
伊寧
阿拉木圖
托克馬克
塔拉斯
塔什庫爾干
吉爾吉特
拉合爾
德里

# 燦爛的敦煌石窟藝術

敦煌研究院院長　　樊錦詩

敦煌，是位於甘肅省河西走廊最西端的城市，北有北山（馬鬃山），南有南山（祁連山），是一個沖積而成的綠洲，由南山流來的古氐置水（今黨河）泛濫所造成，綠洲週圍多戈壁和沙丘。它的地理位置十分重要，東接中原，西鄰新疆，自漢代以來，一直是中原通西域交通要道的“咽喉之地”，是著名的絲綢之路上的重鎮。由敦煌出發，向東通過河西走廊去古都長安、洛陽。敦煌西去陽關，沿崑崙山北麓，經鄯善（若羌）、且末、于闐（和田）至莎車，逾葱嶺（帕米爾）進入大月氏、安息等國，是爲絲路南道；由敦煌出玉門關北行，沿天山南麓，經車師前王庭（吐魯番）、焉耆、龜茲（庫車），到疏勒（喀什）、越葱嶺，進入大宛、康居、大夏，是爲絲路北道。敦煌總扼兩關，控制著東來西往的商旅。位於絲綢之路上的敦煌，成爲東西方貿易的中心和中轉站。史書稱敦煌是“華戎所交一大都會”，西域胡商與

長城遺址　西漢

公元前121年，在建立酒泉郡後，西漢王朝開始修築長城，在其後約二十年間，從甘肅永登以西一直修到了羅布泊。漢長城的修築是就地取材夯築而成。由於敦煌一帶的長城大都修在戈壁腹地，而戈壁上的砂礫又無法築成墻體，因此城墻多以蘆葦柴草加砂礫層層夯築而成，蘆葦柴草層厚約5釐米，砂礫層厚約20釐米，一層柴草一層砂礫，這樣便可使墻體穩固不易倒塌，事實證明這是一種切合實際的有效作法。圖中是玉門關附近的一段漢長城遺跡，殘墻高約2.5米，基寬約3米。雖經歷了兩千多年的風雨剥蝕，墻體仍巍然屹立在荒漠戈壁上，因風化所致，墻體上的柴草和砂礫層愈發顯得清晰。

The Ruins of the Great Wall
The Western Han Dynasty (BC206-AD22)

中原漢族商客在這裏從事中原的絲綢和瓷器、西域的珍寶、北方的駝馬與當地糧食的交易。與此同時，自漢代中西交通暢通以來，中原文化不斷傳播到敦煌，在這裏深深紮了根。地接西域的敦煌，較早地就接受了發源於印度的佛教文化。西亞、中亞文化隨著印度佛教文化的東傳，也不斷傳到了敦煌。中西不同的文化都在這裏匯聚、碰撞、交融。著名的敦煌學者季羡林先生指出："世界上歷史悠久、地域廣闊、自成體系、影響深遠的文化體系衹有四個：中國、印度、希臘、伊斯蘭，再没有第五個；而這四個文化體系匯流的地方衹有一個，就是中國的敦煌和新疆地區，再没有第二個。"季先生的

玉門關　西漢

玉門關（俗稱小方盤城）是古代中原與西域各國交往的重要關口之一，位於距敦煌市區西北102公里的漢長城處。因古代西域和田等地的美玉經此運往中原，故稱其爲玉門關（亦稱玉關）。關城墻垣基本完好，墻體高約10米，南北長26.4米，東西寬24米，面積630多平方米，西北兩面各開一門。城外北側，有東西走向，因地而成的大車道，也就是人們所説的絲綢古道。

The Ruins of the Yumen Pass
The Western Han Dynasty (BC206-AD24)

▲ 陽關　西漢

陽關，位於敦煌市區西南76公里的南湖鄉境內，與玉門關相距約80公里，南北相望成犄角之勢。按中國“山南水北爲陽”的説法，因關在龍頭山（今墩墩山）之南，故稱之爲陽關。現關城早已無存，僅剩圖中這座建在墩墩山上的烽墩（烽火臺）。烽墩爲土築，殘高4.7米，底部厚度8～7.5米、殘頂厚度8～6.6米。在烽墩南面有一大片平緩的沙丘，經發掘調查，沙丘下是大片建築遺址，專家推測，此處可能就是關城或軍營所在地。

The Ruins of the Yangguan Pass
The Western Han Dynasty (BC206-AD24)

論説充份説明敦煌在世界文化史上的重要地位。

敦煌距今已有兩千多年的歷史。秦漢之前，居住著月支、烏孫等少數民族。西漢初，漠北的匈奴趕走月支，佔領敦煌。元狩二年（前121）西漢軍隊打敗河西匈奴，敦煌與河西走廊歸入西漢王朝版圖。元鼎六年（前111）在敦煌設郡，與酒泉、張掖、武威並稱河西四郡。在敦煌之北修築了長城，在西部設立了陽關、玉門關，敦煌成爲西域進入河西走廊與中原的門户和軍事重鎮。爲了鞏固敦煌的戰略要地，從内地移民來此定居，調遣士兵屯田戍守。西漢王朝對敦煌的經營與開發，確立了敦煌在歷史上的重要地位。經過東漢王朝與曹魏政權的繼續經營與開發，敦煌在較長時期内保持相對穩定，成爲絲綢之路上一處重要的商品交易中心和糧食生產基地。中原文化在這裏生根和發展，儒家經典得到傳播。產生於印度的佛教文化也傳到了敦煌，西晋時號稱“敦煌菩薩”的譯經大師竺法護及其弟子在此譯經傳教。

十六國時期，先後由前涼、前秦、後涼、西涼、北涼五個政權統治敦煌。此時中原大亂，戰亂頻繁。唯敦煌相對平安，人口增加，中原與河西走廊的百姓避亂在此，中原漢晋文化在敦煌與河西走廊得以保存和延續。敦煌產生一批著名儒家學者，他們設館講學，著書立説。中原傳統文化在敦煌已十分成熟。與此同時，西行求法與東來傳教的佛教僧人都經過敦煌，促進了敦煌佛教的發展。《魏書·釋老志》説：“敦煌地接西域，道俗交得，其舊式村塢相屬，多有塔寺。”敦煌莫高窟應運而生。據唐代聖曆元年（698）李克讓修《莫高窟佛龕碑》記載：“莫高窟者，厥初，秦建元二年（366）有沙門樂僔，戒行清虚，執心恬静，嘗仗錫林野，行至此山，忽見金光，狀有千佛……造窟一龕。次有法良禪師，從東届此，又於僔師窟側更即營建，伽藍之起，濫觴二僧。”

此後，北魏宗室東陽王元太榮、北周貴族建平公于義先後出任瓜州（敦煌）刺史，信奉佛教，莫高窟的開窟造像活動逐漸發展興盛起來。

隋代統一南北，擊敗西北的突厥和吐谷渾侵擾，保持絲路暢通，商貿繁盛。文帝和煬帝倡導佛教，令天下各州建造舍利塔，瓜州也在崇教寺（莫高窟）起塔，宫廷寫經也傳至敦煌。短暫的隋代，在敦煌大興開窟之風。唐王朝前期扼制了西域最大的威脅西突厥的進犯，在西域設立安西都護和安西四鎮。爲加強軍事防衛，在敦煌和河西走廊設立豆盧軍、墨離軍、玉門軍、赤水軍、建康軍等河西十軍，使敦煌經濟得到穩步發展，絲綢之路全綫暢通，“伊吾之西，波斯以東，朝貢不絶，商旅相繼”。中西經濟文化交流頻繁。敦煌石窟的營造達到了極盛，敦煌文化進一步凝聚了來自中原的漢文化，以及來自印度、西亞、中亞的文化。

天寶十四載（755）發生安史之亂，唐王朝由

盛而衰，吐蕃乘機攻佔隴右、河西。建中二年（781）吐蕃佔領沙州，推行吐蕃行政、經濟制度和習俗，同時，大力扶植佛教，佛教勢力迅速膨脹，推動了莫高窟繼續興建。

會昌二年（842），吐蕃內亂，勢力大衰。大中二年（848）沙州張議潮乘機率兵起義，陸續收復伊、西、瓜、肅、甘、涼等十一州，並遣使奉表歸唐，被唐王朝册封爲歸義軍節度使，從此開始了歸義軍長達200多年的統治時期。張氏歸義軍政權恢復唐制，推行漢化，使敦煌的政局得到了穩定，佛教在張氏歸義軍政權的保護下，繼續興建寺院和石窟。后梁乾化四年

▲ 莫高窟

莫高窟，俗稱千佛洞，始建於公元366年，位於敦煌市區東南25公里鳴沙山麓的峭壁上，東隔大泉河與三危山相望。在南北長1600餘米的崖壁上，分布著北涼、北魏、西魏、北周、隋、唐、五代、宋、西夏、元等朝代的洞窟492個，彩塑2400餘身，壁畫45000餘平方米，唐宋木構窟檐建築5座，是世界上現存規模最大、保存最完好的佛教石窟寺。

1944年，中國政府在這裏設立了專門的保護研究機構——敦煌藝術研究所。新中國成立後，更名爲敦煌文物研究所，1984年升格爲敦煌研究院。1961年，莫高窟及所屬榆林窟、西千佛洞被國務院公布爲全國第一批重點文物保護單位，1987年被聯合國教科文組織列入世界文化遺産名録。

The Mogao Grottoes

(914)，曹議金接替張承奉政權在瓜沙二州六鎮地區重建歸義軍政權，一直保持與中原王朝的密切來往，接受中原王朝封號，奉中原爲正朔，利用舊日唐朝在各族人民中的聲威，以求在西北各民族中樹立自己的地位，又以和親的方式，東與甘州回鶻，西與西州回鶻、于闐政權結好。曹氏政權與中原王朝及週圍少數民族政權建立的良好關係，不僅保持境内相對穩定的局面，且共保絲路暢通，促進了敦煌與中原和西域佛教文化的交流，爲敦煌佛教藝術繼續發展創造了條件。

宋景祐三年（1036）和南宋寶慶三年（1227），敦煌先後爲党項羌和蒙古佔領。西夏和元蒙統治者篤信佛教，敦煌莫高窟作爲佛教要地，依然受到重視，仍有建造。但隨著海上絲綢之路的發展、陸上絲綢之路的衰落、元蒙疆域的擴大，敦煌失去了中西交通中轉站與西域門户的重要地位。莫高窟也告衰落。

元代以後敦煌停止開窟，逐漸冷落荒廢。明嘉靖七年（1528）封閉嘉峪關，使敦煌成爲邊塞游牧之地。清康熙五十七年（1718）平定新疆，雍正元年（1723）在敦煌設沙州所，雍正三年（1725）改沙州衛，從甘肅各州移民敦煌屯田，重修沙州城。乾隆二十五年

▲ 榆林窟

榆林窟，俗稱萬佛峽，是莫高窟的姊妹窟之一，位於安西縣城西南75公里的榆林河（亦名踏實河）畔，因爲河谷榆樹成林，故稱爲榆林窟。現存唐、五代、宋、西夏、元等時代洞窟42個，分佈在榆林河東、西兩岸的崖壁上，東崖31個、西崖11個。現存彩塑259身，壁畫4200平方米。其内容技法都與莫高窟有著密切的聯係或相同之處，但又有著明顯的差異和獨特的風格。

The Yulin Grottoes

（1760）改沙州衛爲敦煌縣，敦煌經濟開始恢復。莫高窟開始被人們注意。清光緒二十六年（1900）發現了震驚世界的藏經洞。不幸的是，在晚清政府腐敗無能、西方列强侵略中國的特定歷史背景下，藏經洞文物發現後不久，英人斯坦因、法人伯希和、日人橘瑞超、俄人鄂登堡等西方探險家接踵而至敦煌，以不公正的手段，從王道士手中騙取大量藏經洞文物，致使藏經洞文物慘遭劫掠，絶大部份不幸流散，分藏於英、法、俄、日等國的衆多公私收藏機構，僅有少部份保存於國内，造成中國文化史上的空前浩劫。

## 燦爛的敦煌石窟藝術

敦煌石窟，是敦煌地區石窟之總稱，包括敦煌市的莫高窟、西千佛洞、安西縣的榆林窟、東千佛洞、肅北縣的五個廟石窟。這些石窟雖規模懸殊，但同在古敦煌郡境內，它們地域相近，內容相同，風格相似，同屬敦煌石窟藝術範疇，人們通常將它們統稱爲敦煌石窟。現共有洞窟812個，分别爲莫高窟735個、西千佛洞22個，榆林窟42個、東千佛洞7個、五個廟石窟6個。

敦煌石窟中首推世界歷史文化遺産——莫高窟。它位於敦煌市東南25公里的鳴沙山東麓，前臨宕泉，東向祁連山支脈三危山。自4至14世紀，連續開窟造像不止，形成南北長1680米的石窟群。現存歷代營建的洞窟共735個，鱗次櫛比分佈於高15 ～ 30多米高的斷崖上，上下分佈1 ～ 4層不等。分爲南北兩區，其中南區的492個洞窟乃禮佛活動的場所，擁有彩塑2000多身，壁畫45000多平方米，木構窟檐5座；北區的243個洞窟（另有5個洞窟已編號），乃僧侶修行、居住、瘞

▼ 西千佛洞

西千佛洞是莫高窟的姊妹窟之一，位於敦煌市區西南33公里處黨河北岸的崖壁上，因位於莫高窟（千佛洞）之西，故叫作西千佛洞，現存北魏、西魏、北周、隋、唐、五代、宋等時代洞窟22個，彩塑53身，壁畫910平方米。由於河水長期沖刷、崖體崩塌，致使許多洞窟祇剩下後半部份。西千佛洞是敦煌藝術的重要組成部份，並有它自身的特點，這裏谷深林密，花草茂盛，環境幽静，堪稱世外桃園。

The West Thousand-Buddha Caves

▲ 莫高窟北區

莫高窟北區（崖壁北段）分佈着數百座尚未進行維修加固的洞窟，其中5個洞窟存有壁畫等藝術品，其餘243個洞窟經敦煌研究院專家發掘，考證其性質爲：僧房窟、禪窟、瘞窟、禮佛窟、廪窟等。并發掘出一批十分珍貴的文物，爲敦煌學研究增添了新的内容。

The Northern Section of the Mogao Grottoes

埋的場所，内有修行和生活設施土炕、竈坑、煙道、壁龕、燈臺等，但多無彩塑和壁畫。

敦煌石窟開鑿於石質疏鬆的礫岩之上，無法精雕細刻，便採用泥塑彩繪和壁畫的藝術形式。彩塑以人工製作的木架爲骨，束以葦草、外敷草泥，通過塑造和描繪的結合，表現人體的肌膚，面部的表情，鬚髮的蓬鬆，服飾的質地。壁畫在整治過的石壁上，塗抹二至三層草泥，通過佈局定位、起稿、塗色、定形，完成壁畫形象的繪畫。敦煌石窟藝術是集建築、彩塑、壁畫於一體的綜合藝術。石窟建築形制根據内容、功能之不同而定。彩塑是石窟藝術的主體，崇拜的主要偶像，置於石窟佛龕，或中心塔柱龕，或佛壇的顯著位置，並與週圍的壁畫内容相連，色彩和諧。壁畫是敦煌石窟藝術的重要組成部份，適於表現複雜的場面和豐富的内容。石窟的佛龕、四壁和窟頂，佈滿了色彩繽紛的壁畫，與居於主體位置的彩塑，互相輝映，相得益彰，共同構成完整的石窟藝術。

敦煌石窟藝術，是在傳統的漢晉藝術基礎上，吸收融合外來藝術的營養，創造的具有中國風格的民族民間佛教藝術。因其歷史悠久、規模宏大、内涵深邃、藝術精美、保存完好，享譽國内外，是我國乃至世界佛教藝術的瑰寶，在中國文化史以至世界文化史上，具有重要的地位。

◀ 莫高窟九層樓

九層樓是96窟的前半部份，樓體依壁而建，木質結構，氣勢雄偉，蔚爲壯觀，是莫高窟標誌性的建築。據史料記載，96窟建於公元695年，在其後的千餘年間，此樓曾多次重修，但原先樓層不多，現存最早的照片(1908)上是五層，後由敦煌僧俗弟子和士紳共同集資於1936年建成現在的規模。1999年10月，敦煌研究院專家對該窟地下進行了發掘，發現了初唐(695)、西夏、元、清各代的地面及窟前建築遺址，從而揭開了這座宏偉建築千餘年來的神秘面紗。

The Nine-storeyed Pagoda

▼ 鳴沙山月牙泉

鳴沙山，又名“神沙山”、“沙角山”，其中段位於敦煌市區以南5公里處，沙山東西長40公里，南北寬20公里，海拔最高處1200米。沙粒有紅、黃、綠、白、黑五種顏色，故也叫五色沙。沙峰起伏蜿蜒，山脊如刀。如多人同時從山頂下滑，山體就會發出陣陣轟鳴，其聲如滾雷湧地，響徹雲霄，故稱作鳴沙山。在沙山環抱之中，有一彎碧綠的清泉，狀若半月，因此稱作月牙泉。泉東西長218米，南北最寬處54米，平均水深約5米。雖然月牙泉處在沙山環抱之中，但由於地形和風的作用，千百年來並未被沙掩埋，泉邊蘆葦叢生，近旁建有亭臺樓閣。1994年，鳴沙山月牙泉景區被列爲全國風景名勝景區。

The Mount Mingsha and the Crescent Moon Lake

三危山

三危山與莫高窟隔大泉河東西相望，因其主峰是三座高聳的危峰而得名，海拔1500～1900米。公元366年，一位法名樂僔的僧人來到莫高窟前的大泉河畔，臨近傍晚時分，樂僔突然看到三危山"金光萬道，狀若千佛"。他感悟到這兒是佛地，便在崖壁上開鑿了一個佛窟以作供養，從而翻開了莫高窟歷史的首頁篇章。樂僔看到的這種景象現在也常能看到，這是因爲三危山石質呈暗紅色並夾雜有雲母，夕陽的紅光從平坦的戈壁上毫無遮擋地照在山體上，而這時莫高窟前因背陰已顯昏暗，人們從這裏東望三危山，整座山通紅通亮，蔚爲壯觀，但隨著夕陽西下，很快就暗淡了。山頂主峰上有民國年間建造的一座木結構王母宮，山谷裏還有清代建的觀音井(寺院名)、老君堂等宗教建築遺存。

The Mount Sanwei

胡楊

胡楊是西北特有的一種十分耐乾旱的野生喬木，多生長在戈壁沙漠地帶，其葉片從下到上逐漸變闊、變大，枝幹最下面的樹葉像柳葉，到了樹冠就成了狀如梧桐的闊葉，深秋季節，樹葉金黃發亮，色彩鮮艷奪目，令人賞心悅目。胡楊生命力強，能在極其惡劣的環境裏生長，因此當地有"胡楊五百年不死，死了五百年不倒，倒了五百年不腐"之説。

Poplar

▲ 大泉河

大泉河又名宕泉河，源自莫高窟東南約15公里的山谷腹地，由泉水匯集而成，沿山谷流至莫高窟前，是莫高窟樹木花草的生命之泉，也是千餘年來建造管理莫高窟的人們的生命之泉。河水細流涓涓長年不息。每逢大雨，三危山腹地就會有山洪暴發，久而久之，在莫高窟前沖出了一道開闊的河床，每到冬季，河水結冰，逐漸覆蓋河床，宛如一條大冰河。河床上建有一座混凝土橋，是通向莫高窟窟區的必經之路。

The Daquan River

▶ 白馬塔

白馬塔位於敦煌市區西南的敦煌古城遺址内，距市區約 2 公里。是爲紀念姚秦時的高僧鳩摩羅什的白馬而建造的。現在的塔是清道光年間重修的，民國時再次修葺。塔爲土坯砌壘，磚包底座，9 層，高 12 米，直徑約 7 米，塔在古城遺址内的南部，四週爲農田環抱。

The White Horse Pagoda

### 渥窪池

渥窪池，當地人俗稱黄水壩，漢代叫“壽昌海”或“壽昌澤”，位於敦煌市區西南70公里的南湖鄉境内，是由衆多的泉水匯集而成的。史料記載：漢武帝元狩三年（公元前120年），一位被發配到此名叫暴利長的軍犯在這裏放牧。他發現常有一群野馬前來飲水，其中有一匹馬異常駿美出衆，便設法捕捉了這匹馬，並獻給了愛馬成癖的漢武帝。爲了渲染這匹馬的珍奇，他謊稱此馬是從渥窪池中出來的“天馬”，漢武帝爲此曾寫了一首“太乙天馬”之歌。

The Wowa

### 沙漠駝影

駱駝是千百年來西北沙漠地帶人們的主要乘騎。它寬大厚實具有彈性的腳掌不易陷入鬆軟的沙中，在乾旱缺水的沙漠裏，可以數日不喝不吃，靠消耗貯存在體内的脂肪和營養跋涉不止，被人們稱作“沙漠之舟”。

Camels in the Desert

## 一、 十六國、北朝時期石窟藝術

包括北涼、北魏、西魏、北周四個時代。是敦煌早期石窟藝術。無論石窟建築形制、彩塑藝術或壁畫藝術的思想内容和形式風格，都明顯地受到西域佛教藝術的深刻影響。但在中原文化扎根很深的敦煌，這種西域佛教藝術，自開始就具有濃厚的本土魏晋藝術的特點。至北朝後期隨著中原藝術影響的西來，出現了中國式的佛教藝術。

### （一） 石窟建築形制

1. **禪窟** 供僧人禪行的洞窟。此類洞窟由印度毗訶羅窟發展變化而成，禪窟主室爲長方形或方形，正壁開龕塑像，供修行者（坐禪者）觀像之用，左右兩側壁各開兩個或四個僅能容身的斗室，修行者在内坐禪修行。窟頂有平頂，或覆斗頂（其形如同倒置的量米之斗）。最初禪窟内素壁無畫，後來窟内壁面與窟頂均繪壁畫，如第268（包括第267、269、270、271窟）、285窟。

2. **中心塔柱窟** 又叫中心柱窟、塔廟窟。是這個時期流行的主要洞窟形式。來源於印度支提窟，即在石窟中供奉佛塔。其形式主室平面長方形，中央偏後鑿出連接窟頂與地面的方形塔柱，柱的四面開龕塑像，以供修行者繞塔觀像與禮佛。中心塔柱之前的窟頂爲仿漢式建築的中間起脊兩面斜坡的人字披頂。塔柱週圍窟頂爲平頂。如第254、288、428窟。

3. **殿堂窟** 爲修行者禮佛的場所。其形式受到中國傳統殿堂建築的影響，主室平面方形，正壁開龕塑像，或僅塑像而無龕，洞窟的其餘三壁大都繪壁畫，也有個別洞窟在兩側壁上部開列龕塑像，窟頂爲覆斗頂或人字披形頂。如第275、249窟。

### （二） 彩塑

北朝時期彩塑有主體性圓雕和附屬性影塑。主體性造像都是身體緊貼墻面的高浮雕，有佛、菩薩、弟

▶ 第288窟　洞窟形制　中心塔柱式　西魏

這種洞窟形制稱作中心塔柱式，亦稱塔廟式，是敦煌早期石窟的主要形制之一。主室前部爲“人字披”屋頂，頂上畫有樑櫞、椽子等木質構件圖形，完全是中原木構建築的造型。“人字披”後是平棋頂，中央是方形通頂塔柱。塔柱下段爲塔座，上段是塔身，塔身正面開一圓券大龕，南西北三面均分上下開雙層圓券龕。塔柱四面環通，以供善男信女右旋繞塔巡禮觀像。

Central Stupa-pillar　Shape of Cave 288
The Western Wei Dynasty (535-556)

◀ 第285窟　形制　禪窟　西魏

敦煌早期石窟中的另一種洞窟建築形制即是這種禪窟，也叫作僧房、精舍等。此窟主室約6米見方，高4.3米。頂爲覆斗形，地面正中有一低平方壇。正壁（西壁）開一大二小三個圓券形佛龕，左右（南北）二壁各開四個小窟，窟門呈圓券形，窟内約1米見方，這種小窟是供僧人們修行禪定的處所。小窟外的幾座殘塔是元代人修造的。

Meditation Cave　Shape of Cave 285
The Western Wei Dynasty (535-556)

428

▶ 第432窟　中心柱東向龕　彩塑一鋪　西魏

此窟大部份壁面均爲後代重繪，唯塔柱上段完好地保留了西魏原貌。大型圓券龕内塑善跏佛像，龕外兩側塑脅侍菩薩。龕楣以上飾以彩塑供養菩薩。這些塑像不但形體基本完好，而且色彩清新，與色彩絢麗的壁畫渾然一體，令人賞心悦目。

Group of Painted Clay Figures (the eastward-facing niche built into the central pillar) Cave 432
The Western Wei Dynasty (535-556)

▼ 第285窟　西壁南側龕内　禪僧像　西魏

禪僧塑像在敦煌石窟中爲數很少，這身保存完好的彩塑頗具石雕的質感，透過通肩田相紋袈裟，身體各部位的起伏變化準確而自然，給人一種敦實、穩固的美感。面部的塑造尤爲成功，嘴唇緊閉，目光下垂内省表情凝重深沈生動地展現了進入禪定狀態時那種大徹大悟、萬念皆空、高深莫測的精神境界。

Buddhist Monk in Dhyana(chan) (the south side of a niche built into the west wall) Cave285
The Western Wei Dynasty (535-556)

▲ 第432窟　中心柱東向龕外北側　菩薩　西魏

菩薩頭戴寶冠，上身半裸，腰束長裙，披長巾，身材修長勻稱，形態自然舒展，給人以輕鬆的美感。

Bodhisattva (the northern outside of an east-facing niche built into the central pillar) Cave 432
The Western Wei Dynasty (535-556)

◀ 第428窟　形制　中心塔柱式　北周

這是敦煌早期最大的中心塔柱式洞窟，寬10.8米，進深13.75米。前部的“人字披”屋頂寬大規整，用土紅色畫出椽檁、椽子等木質構件的圖形。所不同的是中心塔柱四面各開一圓券形大龕，這是中心柱洞窟的又一種類型。

Central Stupa-pillar
Shape of Cave 428

432窟
C.215 P.127

▲ 第305窟　形制　覆斗式　隋

這是帶有中心塔柱式影響的覆斗式洞窟，是由北朝向唐代過渡的産物。覆斗形頂，平面呈方形，中央設一塔座形方壇，壇上塑像，窟室四壁，正側三面各開一圓券形佛龕。

Hall With Inverted Funnel Shaped Ceiling　Shape of Cave 305
The Sui Dynasty (581-618)

▶ 第303窟　形制　中心塔柱式　隋

這是一種較爲獨特的塔廟窟形，主室平面爲長方形，前部是"人字披"頂，後部是平棋頂，後部中央有中心塔柱，塔柱爲須彌山形，上部是圓形七級倒塔，下部是方形臺座，臺座分上下兩層，上層四面各開一龕，下層爲平面。

Central Stupa-pillar　Shape of Cave 303
The Sui Dynasty (581-618)

303

子像。佛像有彌勒佛像、釋迦佛像、釋迦與多寶並坐佛像。釋迦佛像按其事態之不同，又可分爲禪定像、苦修像、説法像、成道像、思惟像。前期佛像兩側僅有侍從菩薩像，後期佛像兩側又增加了迦葉、阿難侍從弟子像。

附屬性影塑，有供養菩薩、飛天、千佛等。以泥製模具翻製的影塑，粘貼於中心塔柱或四壁上部，相當於凸於壁面的浮雕，用以陪襯主體性造像。北朝前期佛像的服飾或袒裸右臂的偏袒袈裟，或圓領通肩袈裟。菩薩高髻寶冠，辮髮垂肩，上身袒裸或斜披絡腋，下身羊腸裙，衣裙上裝飾著密集的衣紋。人物面相豐圓，造型雄健厚重，肩寬胸平，姿態端莊，動態樸拙，神情寧静沈穩、含蓄。此時彩塑藝術和風格以中原漢晉藝術爲基礎，較充份地融合了來自於西域佛教藝術的營養。北朝後期的西魏時期，中原漢式衣冠傳到敦煌，南朝“秀骨清像”藝術風格盛行。此時彩塑身著高領大袖襦服，胸前繫小結，外罩對襟式袈裟。人物面相方瘦，身軀扁平。北朝後期的北周時期彩塑進一步民族化。

（三） 壁畫

北朝時期壁畫，在石窟内大致有固定佈局：四壁上部爲繞窟一週的天宫伎樂；中部爲壁畫的主要部份，或滿壁千佛，或佛説法圖和千佛，或佛説法圖和千佛及釋迦本生、因緣、佛傳故事畫；下部爲繞窟一週金剛力士，

▲ 第275窟　西壁　交腳彌勒菩薩　北涼

這是莫高窟早期最大的彩塑，高3.34米。坐雙獅座（兩側各有一頭獅子），左手作與願印，頭戴化佛寶冠，長髮披肩，項飾瓔珞，腰束羊腸裙。塑像肩寬腰細，體魄渾厚堅實，面相豐圓，神情恬静莊重，這種具有十六國時期顯著特徵的造像帶有明顯的西域佛教藝術的影響，是敦煌早期彩塑藝術的典型作品。

Cross-legged Maitreya (the west wall) Cave 275

The Northern Liang Dynasty(397-439)

▶ 第257窟　中心柱南向面上層龕内　半跏菩薩　北魏

這尊彌勒菩薩呈半跏坐式（右腿平放在左腿上），上身前傾，右手以一指輕輕支頤，頭戴披巾高冠，肌體豐滿，面相圓潤，五官俊美，神情莊嚴肅静，展現了菩薩進入思惟境界時的精神風貌。

Meditating Bodhisattva (a southward-facing niche built into the upper part of the central pillar) Cave 257

The Northern Wei Dynasty (439-534 )

◀ 第432窟　中心柱東向龕南側　脅侍菩薩　西魏

像高1.22米，是這一時期難得的完整作品。菩薩上身半裸，腰束長裙，頭戴寶冠，披巾相交於腹前，身材匀稱，姿態優雅，略顯豐滿的面相秀美俊俏，露出和藹可親的微笑。給人一種親切善良的美感。

Bodhisattva (the southern outside of an eastward-facing niche built into the central pillar) Cave432

The Western Wei Dynasty (535-556)

▶ 第259窟　塔柱南側　菩薩　北魏

這尊貼壁而立的菩薩像高1.20米，上身半裸，著披巾長裙，頭戴今勝冠，冠後垂金幘。雙耳垂環，腕帶鐲，臂飾釧，瓔珞斜垂腹前。衣裙和披巾的塑造尤爲細膩，疏密適度的陰刻綫增強了衣裙輕薄流暢的質感，展示了絲綢質地優良的特點。

Budhisattva (the south side of the central pillar) Cave 259
The Northern Wei Dynasty (439-534)

◀ 第435窟　中心柱東向龕北側　力士　北魏

這身力士像是北魏晚期新出現的題材，造形也較獨特。力士肩披寬巾，腰束長裙，形體堅實有力。直立的脖筋，濃眉倒豎，雙目突兀，方口直鼻，面部棱角分明，表情威嚴勇武。

Warrior (the northern outside of an eastward-facing niche built into the central pillar) Cave 435
The Northern Wei Dynasty(439-534)

▼ 第259窟　西壁　二佛並坐像　北魏

這是凸出壁面的半個塔柱形，龕内以"游戲坐"式並坐的二佛是釋迦和多寶。經文裏説：法華會上，多寶塔湧現，應與會者請求，釋迦打開了塔門，於是，塔内的多寶佛邀請釋迦入塔並坐説法。佛像頭部雖經後代重修，但未完全改變原形。龕外兩側，各塑菩薩二身，分别稱爲"左展"像和"右展"像。龕内頂部繪有寶蓋、飛天等。

Buddhaís (the west wall) Cave 259
The Northern Wei Dynasty (439-534 )

▲ 第248窟　中心柱西向龕　苦修佛像　北魏

苦修是釋迦爲修成佛道而經歷的最重要的修行階段。據説，他在經過了漫長的苦修後，最終在菩提樹下成佛。這座雙樹形佛龕所標示的正是這一情景。佛像形體枯瘦，筋骨突現，但端莊清秀的面目中蘊含著深沈的自信和執著，顯示出非凡的智慧和剛毅。

Meditating Buddha (the westward-facing niche built into the central pillar) Cave248
The Northern Wei Dynasty(439-534)

▶ 第248窟　中心柱東向龕内　説法像　北魏

説法像是最常見的佛像之一。這尊佛像身著通肩袈裟，結跏趺坐於蓮花座上。作品綫條簡潔、流暢，造形典雅、端莊。背光上的石青火焰紋色鮮如新。龕柱、龕楣、龕楣也保存完好。龕外兩側塑脅侍菩薩。

Buddha Preaching the Law (in an eastward-facing niche built into the central pillar) Cave 248
The Northern Wei Dynasty(439-534)

▶ 第259窟　北壁　禪定佛　北魏

坐禪是佛家修練的重要形式。這尊禪定佛身著通肩袈裟，造形簡潔洗練，秀美的面相恬静、安詳，坦然的微笑洋溢著内心的寧静與喜悦，展現出一種超然美妙的境界，這種具有永恒魅力的微笑給作品注入了強大的藝術生命力。

Buddha in Meditation mudr (the north wall) Cave 259
The Northern Wei Dynasty (439-534)

▲ 第297窟　西壁　彩塑一鋪　北周

這是一鋪保存基本完好的北周彩塑原作，十分難得。龕内主尊塑善跏坐佛，南北兩側塑北周時期纔開始出現的阿難、迦葉二弟子，龕外兩側塑侍立菩薩。塑像頭部略大，肉髻低平，身材稍短，是這一時期新出現的造型風格。這種風格對其後隋代的造型藝術產生了直接影響。

Group of Painted Clay Figures (the west wall) Cave 297
The Northern Zhou Dynasty (557-580)

◀ 第297窟　西壁　羽人像　北周

羽人是中國古代神話中"臂化爲羽"乘龍升天的仙人。北朝後期，頻頻出現在佛教石窟裏，或畫或塑，反映出當時中國傳統的神仙思想與佛教思想的相互影響。這身彩塑羽人高0.50米，是這一題材彩塑作品中幸存的精品。

Relief Sculpture of Celestial being (the west wall) Cave297
The Northern Zhou Dynasty (557-580)

或裝飾圖案。北朝前期的窟頂均繪裝飾圖案，後期的窟頂在覆斗頂與人字披頂增繪本生、佛傳故事畫、千佛等。按壁畫内容可分爲五類：

1.**尊像畫**　表現佛教諸神，有構圖嚴謹的佛説法圖；有既千篇一律，又色彩繽紛的十方諸佛，即千佛；有排列有序，舞姿婀娜。作群舞的供養菩薩；有高居天宫樓閣歡暢地奏樂歌舞的伎樂天；有健壯有力，濃眉怒目，驅逐魔鬼的護法神──金剛力士。

2.**本生、因緣、佛傳故事畫**　本生故事畫表現釋迦牟尼佛在過去世中爲菩薩時行種種善行，救度衆生事，此類題材有毗楞竭梨王身釘千釘、虔闍尼婆梨王身燃千燈、尸毗王割肉貿鴿、月光王施頭、快目王施眼、九色鹿王（行忍辱）拯救溺人、摩訶薩埵太子捨身飼虎、雪山大士施身聞偈、須達拏太子以子妻施婆羅門、獨角仙人爲淫女所騎、須闍提太子割肉事親復國、善事太子入海求珠、睒子孝養盲親等；因緣故事畫表現釋迦牟尼成佛後説法教化衆生、度化外道的各種事跡，有須摩提女請佛、沙彌守戒自殺、五百盲賊得眼皈依、微妙比丘尼現身説法；佛傳故事畫描繪釋迦牟尼一生或某些主要事跡的故事。故事畫的主題思想大多爲堅持出家修行，強調佈施、忍辱、持戒的修行方法，宣傳懲惡揚善、因果報應、佛法威

▲ 第272窟　北披　伎樂　北凉

位於壁面頂端的伎樂身處天宫，身前有凹凸相間的天宫欄墻。伎樂上身裸體，長裙束於小腹之下，舞姿優美婀娜。表現立體明暗的暈染變成了黑褐的粗綫，使簡練概括的造型顯得更加古樸。

Musicians in a Heavenly Palace (the northern side of the ceiling) Cave 272
The Northern Liang Dynasty (397-439)

▶ 第275窟　北壁　毗楞竭梨王本生　北凉

故事説：毗楞竭犁王爲普救衆生、廣求妙法。一個名叫勞度叉的婆羅門自稱可以傳授妙法，但聽法者必須先在身上釘一千顆釘子。毗楞竭犁王欣然應允，讓勞度叉在身上釘了一千顆釘子。獲得妙法的毗楞竭犁王最後終於修成佛果。圖中勞度叉正向毗楞竭犁王胸部釘釘，地上跪著一位表情悲切的眷屬。畫面高度簡練、概括，突出表現了釘千釘這一情節。

Jataka of King Bi-leng-jie-li (the north wall) Cave 275
The Northern Liang Dynasty (386-439)

第275窟　南壁　出遊四門　北涼

傳說釋迦牟尼爲浄飯王太子時曾出遊王城四門，在郊外見到了人世間生老病死諸多苦難，隨之決意出家修行，解救衆生脫離苦海。畫中的城門爲漢式闕樓形，畫面右側有一位髮鬚皆白，骨瘦如柴的老人，這是太子出南門遇見老人的情景。

Sakyamuniś Wanderings (the south wall) Cave 275
The Northern Liang Dynasty(397-439)

第272窟　西壁南側　供養菩薩　北涼

這二十身供養菩薩呈五身一排的横向排列，他們雖然全部都是坐式，但個個動態靈巧優雅，身段婀娜。他們的形態、手勢雖無一類同，但相互間似乎存在著某種必然的聯係，呈現出一種氣韻貫通的整體效果和渾然有序的韻律美感。

Attendant Bodhisattvas (the southern section of the west wall) Cave 272
The Northern Liang Dynasty(397-439)

力的佛教思想。至北朝晚期的故事畫逐漸地民族化，則滲透進中國傳統的忠君、孝悌、仁愛、和順、父子恩等的儒家思想。故事畫的結構形式多樣：主要有主體式單幅畫，以一個畫面表現故事的一個典型情節；異時同圖單幅畫，一個畫面上表現故事不同時間，不同地點的若干個情節；多幅連環畫，多個畫面表現有時間、有地點、有完整情節的故事。

**3.神話人物畫**　爲佛教傳入之前，中原漢地流行的道教神話人物形象，此類畫出現於北朝後期，傳自於中原，有乘坐龍車、鳳輦的東王公、西王母，蛇身人面的伏羲氏、女媧氏，昂首飛騰的東方之神——青龍，振翼奔騰的西方之神——白虎，展翅欲飛的南方之神——朱雀，龜蛇相交的北方之神——玄武，兩耳竪過頭頂，臂生羽毛，長生不死的羽人，獸頭人身，振臂運轉連鼓的雷神，獸頭人身，手執鐵鑽敲擊的礔電等等。

▲ 第257窟　西壁　九色鹿本生之“鹿與國王”　北魏

故事說：深山裏有一隻美麗善良的九色鹿，一天，它不顧生命危險從洶湧的河裏救出一個落水的人。此後不久，貪婪的王后夜夢九色鹿，便想用其皮毛做衣飾，落水者見利忘義，出賣了九色鹿。國王得知實情後，不但未加傷害，還下令保護九色鹿。畫面爲長卷式，這是鹿與國王對話的場面，畫中的九色鹿並未像經文裏所說的跪在國王面前，而是昂首挺胸，毫無乞憐和懼色，生動地表現了作者懲惡揚善的創作情感。

The Jataka of the king of the Nine-Colored Deer (Deer and King)(the west wall) Cave 257
The Northern Wei Dynasty(439-534)

▶ 第254窟　南壁　薩埵太子本生　北魏

薩埵太子與二兄在深山遇見一隻母虎和幾隻幼虎，因饑餓奄奄一息，爲救虎命，善良的薩埵捨身飼虎，聞訊趕來的國王夫婦抱尸痛哭，收拾遺骸起塔供養。圖上部中間是太子三人，西側上部畫太子刺頭跳崖，下爲飼虎，東下畫二兄見尸骸并回告父母，東上是父母抱尸痛哭和起塔供養。畫面以“異時同圖”的構圖方式，將所有情節穿插集中在了一起，圖中白髮老母懷中的太子遺骸完好無損，從而衝淡了畫面的悲劇氣氛。由於變色嚴重，畫面較爲模糊。

Jataka of Prince Sudana (the south wall) Cave254
The Northern Wei Dynasty (439-534)

**4.供養人畫像** 出資開窟造像的功德主及其眷屬爲祈福求願，在窟內所繪的禮佛畫像。多繪於主要壁畫的下方，形象較小，高不及尺，男女分列成行，僧尼爲首，世俗人物隨後，有王公貴族和侍從像，有少數民族人物形象。服飾有中原漢裝，西域胡裝，漢胡混合裝。

**5.裝飾圖案** 裝飾石窟建築、彩塑和壁畫的紋樣。北朝時期是以表現石窟建築形式爲特徵的建築裝飾圖案。圖案分佈於中心塔柱窟人字披頂兩披的望板、椽、枋、斗拱及平頂，殿堂窟的覆斗頂，以及不同類型洞窟的佛龕龕楣、彩塑背光、四壁壁帶等處。平頂飾平棋圖案，均爲三層方井疊套，井心繪大蓮花，錯疊的井角繪火焰紋、飛天、忍冬等紋樣。覆斗頂正中飾華蓋式藻井，井心垂大蓮花，四邊飾忍冬、雲氣、火焰紋，井外飾垂幔、彩鈴。人字披頂的椽間望板、壁帶邊飾、龕楣的主要紋樣有蓮荷紋、忍冬紋、祥禽瑞獸紋、雲氣紋、幾何紋等等。

▼ 第428窟　東壁門南側　薩埵太子本生　北周

這是同一題材中最大的畫面，構圖爲橫向三排的連環畫形式，情節發展自上而下呈“S”型走向。故事說：薩埵太子與二位兄長進山遊玩，在山裏遇見一隻母虎和七隻幼虎，因爲饑餓，這八隻虎已奄奄一息。薩埵爲救虎命，刺頸出血，跳下山崖，墮落虎旁，衆虎得食而獲救。畫中的山林房舍既是故事發生的環境，也是情節的間隔，圖案化了的山巒樹木在表意的同時還富有裝飾的效果。

Jataka of Prince sudana (the southern section of the east wall) Cave428
The Northern Zhou Dynasty(557-580)

▶ 第428窟　東壁門南側　薩埵太子本生之馳馬還宮　北周

薩埵太子捨身餵虎後，他的二位兄長急忙回家報信，巨大的悲痛使他們心急如焚，恨不得立刻趕回宮中。畫面上，二馬飛奔，兩旁的樹木被帶起的風刮得向前傾斜，生動地渲染了馬跑的速度和二兄急切的心情。

Jataka of Prince Sudana (ride back to the palace) (the southern section of the east wall) Cave 428
The Nothern Zhou Dynasty (557-580)

◢ 第285窟　南壁　五百強盜成佛之放逐山林　西魏

被挖去雙眼放逐山林的強盜們身處山林荒野，個個赤身露體，有的哀號狂奔，有的仰天長嘆，痛苦萬狀，作者生動地描繪了強盜們此時此刻所處的環境和淒慘絕望的心情。近旁悠閑吃草的野羊既展現了他們所處的環境，更襯托出了他們與野獸共處的悲慘狀況。畫中人物形象生動傳神，具有強烈的表意效果。

The Story of Five Hundred Bandits Becoming Buddhas (banished to the forest) (the south wall) Cave 285
The Western Wei Dynasty(535-556)

▲ 第249窟　北披　狩獵圖　西魏

狩獵是古代西北地區少數民族主要的生活方式，圖中右側身姿矯健的獵人催馬張弓，馬前三隻野羊飛奔急馳，形象活靈活現，呼之欲出。下方的獵人騎著馬，正在追趕一隻野牛，突然，他身後又來了一隻老虎，藝高膽大的獵人藉躍馬騰空之勢，回身一箭向老虎射去，場面驚心動魄。畫家技藝高超並十分熟悉狩獵生活，準確生動地再現了這一幕扣人心弦的驚險畫面。特別是那隻受驚狂奔的野牛活靈活現，生動逼真，堪稱神來之筆。

Hunting with Bow and Arrow (the northern part of the ceiling) Cave 249
The Western Wei Dynasty(535-556)

◥ 第305窟　北壁　飛天　隋

與北朝相比，隋代的飛天更趨靈巧多姿，柔若無骨的腰身扭曲變化，瀟灑自如，長長的巾帶迎風飄舞，在行雲飛花的映襯下，更顯得滿壁風動，令人暇思。

Apsaras (the north wall) Cave 305
The Sui Dynasty (581-618)

▶ 第296窟　北壁　微妙比丘尼(局部)　北周

故事說：微妙比丘尼因“前生”有罪，今世受到報應，爲了贖罪，出家爲尼。畫面着重描述了她今世遭受的種種報應：丈夫被蛇咬死，兒子遭狼食，娘家人火災遇難，後夫殺子，夫死殉葬，獲救再嫁，新夫又死等等，接踵而來的苦難遭遇令人毛骨聳然，不寒而栗，以此告誡人們萬萬不可作惡。畫面簡潔概括，形象生動傳神，房舍、樹木、山巒，既是故事發生的環境，又增強了畫面的生活氣息和叙事功能。

The Story of Bhiksuni Patacara (section) (the north wall) Cave 296
The Northern Zhou Dynasty (557-580)

▲ 西千佛洞第6窟　東壁下部　供養馬車　北周

在敦煌石窟中，從早期到晚期的壁畫裏都畫有各種車的形象，有馬車、駱駝車、牛車、羊車、鹿車，甚至龍車、鳳車等。如果我們把這些車按時代順序排列起來，無疑是一幅千年間車子發展演變的形象資料。而且就功能和用途而言，車的種類也很多。由於車的實物無存，這些畫出來的車越發顯得珍貴。圖中的供養車由一匹馬和一頭牛共同駕駛，是十分獨特的車型。

Cart (the lower part of the east wall) Cave 6 of the Xi Qianfo Grottoes
The Northern Zhou Dynasty (557-580)

▶ 第407窟　窟頂　藻井圖案　隋

藻井井心是巨大的八瓣蓮花，花瓣重疊，花心圓圈内是三隻相互追逐的兔子，三隻兔子共有的三隻耳朵構成一個等邊三角形，單獨看，每隻兔子仍是兩隻耳朵，構思巧妙而有創意。蓮花四週仿佛是蔚藍的天空，八身飛天在空中環繞飛翔，井心四邊用菱格蓮花等紋樣裝飾而成，四壁畫垂角幔帷，這是隋代具有代表性的藻井圖案之一。

Pattern (ceiling) Cave 407
The Sui Dynasty (581-618)

前期壁畫以土紅爲底色，人物造型健壯，比例適度，穿西域式衣冠服飾，面部與肢體暈染採用西域表現明暗的凹凸法，以表現人物面部和肢體的立體感，此時色彩質樸厚重，綫描細勁有力。這是中原傳統藝術和西域藝術的結合。後期壁畫爲兩種風格，一種風格大體繼承前期特徵，傳自西域的暈染法，又有新的發展；另一種風格的壁畫，以白色爲底色，人物身材修長，相貌清瘦，眉目疏朗，神情瀟灑，風骨飄逸，穿漢式方領深衣大袍，面部以民族傳統暈染法在面頰塗紅色，此時色彩清新明快，綫條秀勁灑脱，運筆疾速，富於韻律感。這種風格是傳自於中原的新風。

▲ 第 329 窟　窟頂　藻井圖案　初唐

覆斗形窟頂的藻井圖案，井心畫重瓣蓮花，花心是五色轉輪；四身飛天手持鮮花，乘行雲流彩，環繞蓮花，飛旋翱翔於藍天碧空。四週的邊飾由捲草、方格、聯珠紋以及垂角幔帷等裝飾而成。藻井外圍環繞伎樂天十二身。畫面動靜相宜，疏密有致，色彩層次分明，華麗清晰，令人賞心悦目，是初唐藻井圖案中的精品佳作之一。

Pattern (ceiling) Cave 329
Early Tang Dynasty (618-704)

◥ 西千佛洞第 7 窟　中心柱正面龕楣　北周

在敦煌壁畫中，用綠色作爲龕楣底色的畫法極爲少見，這也正是西千佛洞自身特點的一種表現。龕楣正中畫一佛二菩薩的説法圖，兩側是十數身飛天和供養伎樂，邊沿是規整的火焰紋裝飾。飛天伎樂形體纖巧，動態優美。青綠底色使人物顯得更加突出，增強了畫面的意境和裝飾效果。

The Lintel of the Niche (the upper part of a northward-facing niche built into the central pillar)
Cave 7 of the Xi Qianfo Grottoes

▶ 第 257 窟　窟頂　游泳圖案　北魏

畫中以四方圖案套疊形式表現的是建築上的平綦結構，外層叉角畫飛天，中層四角畫火焰紋，中心方井是碧瀾清澈的蓮池，池中有四身裸體仙人在游泳，泳姿舒展優美，這種獨特的構圖頗有新意，熟練的人體描繪也是值得注意的現象。

Swimming (the ceiling) Cave 257
The Northern Wei Dynasty(439-534)

## 二、 隋、唐时期石窟艺术

佛教與佛教藝術傳入後，在其漫長、曲折的傳播進程中，經過與中國漢晋文化藝術的不斷碰撞、融合，至隋唐時期得到了極大的發展，形成了中國式的佛教宗派、佛教思想、佛教信仰、佛教藝術。隋唐時期的敦煌石窟藝術發展到了最輝煌的巔峰。石窟建築、彩塑、壁畫所表現的世俗化、大衆化、多樣化，都是佛教藝術中國化的體現。

### （一） 石窟建築形制

**1.殿堂窟** 呈現多樣化、民族化、世俗化趨勢。殿堂窟數量最多，長盛不衰，且不斷變化發展。窟内佛龕加深加大，形式早晚不同：隋代爲内外二層龕。唐前期爲内小外大之敞口龕；唐後期爲仿照世俗床帳形式的盝頂帳形龕，龕内設馬蹄形佛壇，壇上置彩塑像，如第329、384窟。殿堂窟還出現一種主室正壁和兩側壁均開佛龕，龕内造像的形式，用以表現三世佛或三身佛，此類洞窟數量雖不多，但隋唐兩代均有之，如第420窟。佛壇窟是新出現的窟形。隋至唐前期主室正壁鑿長方形或馬蹄形佛壇，唐後期大型洞窟主室中央鑿出方形佛壇，壇後部有一道連接覆斗頂的背屏。壇前有階陛，彩塑群像高踞於佛壇之上，信徒可圍繞佛壇右旋環通、禮佛觀像，此類洞窟應是殿堂窟之一種。其形式與寺廟佛殿，乃至世俗宫室殿堂格局相類似，如第196窟。

**2.涅槃窟、七佛窟** 因涅槃像和七佛像而得名，其實亦爲佛壇之一種。主室横長方形，正壁有横貫全窟的佛床，上塑佛涅槃像，如晚盛唐第148窟，中唐第158窟，或塑七佛並坐像，如中唐第365窟，窟頂爲盝頂或券頂。

**3.大像窟** 因窟中巨大的彌勒佛坐像而得名，如莫高窟初唐第96窟、盛唐第130窟、榆林窟唐代第6窟。大像窟洞窟高聳，主室平面方形，上小下大，貼正壁造石胎泥塑大像，佛座後鑿出供信徒巡禮用的馬蹄形通道。前壁上、中部各開一大型明窗，以供採光之用。窟頂爲覆斗形或圓穹形，窟外建多層木構窟檐。中心塔柱窟數量極少，趨於衰落。由於修行簡化和佛教世俗化，中心塔柱作爲塔的功能逐漸減弱，而與殿堂窟佛龕形式靠近。

崖面留存遺跡與文字記載説明，隋唐時代各窟前室外，均有木構窟檐。這些窟檐“上下雲矗，構以飛閣，南北霞連”。各窟又有木構棧道相通，蔚爲壯觀。

▲ 第420窟　西壁龕内南側　菩薩　隋

菩薩肩寬腰細，身材修長，亭亭玉立。面部造型豐滿，五官輪廓清晰。形象俊美典雅，表情端莊沈静。衣飾塑造手法簡練而有質感。衣裙上繪製的狩獵聯珠紋是源於波斯（今伊朗）的裝飾紋樣，隋代開始出現在莫高窟。

Bodhisattva (the south side of the central niche) Cave 420
The Sui Dynasty(581-618)

▶ 第196窟　中心佛壇北側　菩薩　晚唐

菩薩爲四面環通的圓塑，半跏趺坐於蓮座上，蓮座高2.65米，肌膚豐厚，體形碩壯，膚色瑩白光潔，姿態優雅自然，神態沈静安詳、端莊俊逸，全身散發出生命的活力，是晚唐時期不可多得的精品佳作。

Bodhisattva (the northern part of the central altar) Cave 196
Late Tang Dynasty (848-906)

017
晚唐
821
900AD
151

第16-17窟　形制　背屏式　影窟　晚唐

第16窟是大型背屏式洞窟，主室中央設馬蹄形佛床。位於16窟甬道北壁的17窟是中晚唐時期河西高僧洪䛒的"影窟"，亦稱"影堂"、"塑堂"，屬紀念性建築，內有洪䛒塑像。此窟高出甬道地面，門高1.84米，窟內地面近於方形，東西兩邊各長2.7米左右，南北兩邊各長約2.8米，壁高近2.5米，窟頂爲覆斗形，頂高0.5米，至地面約3米。正壁（北壁）有一與壁面聯結的禪床式低壇，高0.45米，東西長1.78米，南北寬0.85米，沿北壁向下又鑿出一個長方形凹坑，坑深0.48米，東西長0.98米，南北寬0.75米，坑內四壁平整。洪䛒塑像即安置在此壇上。在西壁嵌有一通石碑，即洪䛒告身敕牒碑。此窟後被密封，1900年被發現，因內藏5萬餘件經文等珍貴資料，故被稱作藏經洞。

Hall with Inverted Funnel Shaped Ceiling and Central Stapa-pillar (Cave16)
Commemoration Cave (Cave 17)Shape of Cave 16-17
Late Tang Dynasty (848-906)

第158窟　卧佛　中唐

這尊釋迦牟尼涅槃像全長近16米，石胎泥塑。據傳，釋迦涅槃時是"右脅而卧"，因此，所有表現這一題材的形象都基本與此相同。佛像面部豐滿，微含笑意，表情安詳而欣慰，生動地表現了涅槃境界的高深莫測，是同一題材中最負盛名的佳作。

Buildha in nirvana Cave 158
Mid-Tang Dynasty (781-847)

第130窟　大佛　盛唐

這尊石胎泥塑的彌勒佛像通高26米，是敦煌石窟中的第二大佛，因位於窟內，人們衹能在近距離觀看，爲了校正仰視造成的視覺差，作者有意加大了頭部的比例，同時，誇張了面部及五官形體的起伏轉折，使佛像面部在來自窟外的光照下，顯得眉目清晰，輪廓分明，增強了作品的藝術效果和表意功能。此像僅右手和衣褶局部作過重修，其餘均爲盛唐原作，雖色彩多有變化和磨損（風沙所致），但形體未變，是不可多得的巨型唐塑精品。

Big Buddha Cave 130
High Tang Dynasty(705-780)

（二） 彩塑

置於佛龕和佛壇上之彩塑像，均爲圓雕，已完全離開墻壁，充份發揮彩塑的主體性、獨立性的特長。隨著佛教思想的發展，塑造最精的群像，數量與內容有較大變化發展，少則三身，多則十一身，大多七身一組或九身一組。主像隋代出現了過去、現在、未來三世佛，法身、應身、報身三身佛。隋唐兩代主像流行釋迦牟尼佛、阿彌陀佛、彌勒佛。隋至初唐，在前室增加了天王和力士的護法像，由盛唐始，護法像進入主室，與佛、菩薩、弟子像組合在一起。佛像居中，佛的兩側依次侍立迦葉、阿難兩弟子，觀音、勢至兩大菩薩或立或坐，南、北則為兩大天王和金剛力士。有的群像中還有胡跪合十禮佛的小供養菩薩加入其內。佛國世界不同職守的代

第158窟　形制　涅槃窟　中唐

涅槃窟和禪窟的命名都是依據洞窟的功能而來的。在莫高窟，大型涅槃窟衹有兩座，另一座是鑿建於盛唐的第148窟，主尊都是石胎泥塑，身長約16米的釋迦牟尼涅槃像，通常稱作卧佛或睡佛。此窟平面爲橫長方形，進深約7米，橫長約17米，後部有1米多高的橫長大臺、大臺上又有較低的通長小臺，其形狀如榻，佛像即側卧其上。窟頂呈盝頂形，頂四披斷面爲凹曲綫，是凹曲屋面的表現形式。

Nirvana Cave　Shape of Cave 158
Mid-Tang Dynasty (781-847)

表人物按等級差別有序地匯聚於一堂，展示了立體的佛界說法會之場景。

數量最多，規模最大的群像當爲佛涅槃像和舉哀者組成的群像。如盛唐第148窟主室的主像爲釋迦牟尼佛，長15.8米，右脅而臥，繞佛塑有高約1米的菩薩、弟子、護法、國王、大臣舉哀的群像72身。中唐第158窟規模與第148窟相當，以繪塑結合的手法表現群像。圍繞釋迦牟尼涅槃像的衆舉哀者繪於三面壁面，通過細膩地表現群像舉哀，更好地襯托出釋迦牟尼恬静自然，涅槃爲樂的神情。

莫高窟最引人注目的乃是建於唐代武則天證聖元年（695）的第96窟的北大像和唐玄宗開元九年（721）至天寶（742～756）的第130窟的南大像，

前者高35.5米，後者高27.3米，均是石胎泥塑，先鑿出身體的輪廓大形，然後敷泥，最後塑造彩繪而成。其題材是兩腿下垂的善跏坐彌勒説法像。造大像與武則天登位稱帝有關，武氏欲取代李唐，命僧人造《大雲經疏》，稱武則天是彌勒下世。南大像保存完好，造型雄偉高大，神情莊嚴慈祥。

有隋一代，歷時短暫，上承北朝，下啓唐代，彩塑藝術取得了重要成就，但其形象尚存在頭大、肩寬、腿短、動態單調、人物留有類型化痕跡等不足。

在隋代藝術基礎上，經過繼續探索和創造，吸收西域佛教藝術的營養，唐代彩塑藝術臻於成熟與完美。唐代藝術匠師以高超的寫實技巧，卓越的創造才能，繪塑技法的巧妙結合，通過對人物形象、衣冠服飾、體態動作、外部特徵、面部表情細緻入微的刻畫，成功地塑造了許多比例準確、衣飾華麗、造型健美、色彩燦爛、神態逼真、個性鮮明的完美藝術形象，成爲具有永恒藝術魅力，經久傳世的典範性不朽之作。

▲ 第419窟　西壁龕内北側　菩薩與迦葉　隋

菩薩身高1.81米，通常把這種與人身高相近的塑像叫等身像。菩薩造型渾厚豐滿、健康端莊、神情沈静，具有一種女性的成熟美。迦葉雖年事已高，形容消瘦，但這位歷經苦修的高僧心胸豁達，表情爽朗，給人以坦蕩無邪的親近感。

Bodhisattva and Kasyapa (the north side of the central niche) Cave 419
The Sui Dynasty (581-618)

◀ 第419窟　西壁龕内南側　菩薩與阿難　隋

與北側對稱的這尊菩薩具有共同的造型特徵，在塑造手法上，注重了身體各部位的起伏變化，瓔珞、巾帶、衣飾的塑造簡練、厚重、層次分明。阿難的形象十分精彩，儼然是一個稚氣未脱的孩童形像，光潔圓潤的臉龐，俊俏秀美的五官，眉宇間透露著智慧，甜甜的表情中蘊含著聰明和自信。雖是佛門弟子，但更像人見人愛的世間神童。

Bodhisattva and Ananda (the south side of the central niche) Cave 419
The Sui Dynasty(581-618)

▶ 第328窟　西壁龕内南側　菩薩　初唐

這是與觀音菩薩相對而坐的大勢至菩薩。無論是塑還是畫，這兩尊大菩薩都處在左右對稱的同等位置上，大小形態都基本一樣，大勢至菩薩法力廣大無所不至，但中國老百姓自古篤信觀音菩薩，相信大慈大悲的觀音菩薩能救苦救難，故而對大勢至菩薩較陌生。

Bodhisattva (the south side of the inner section of the central niche) Cave 328
Early Tang Dynasty (618-704)

▲ 第419窟　西壁　彩塑一鋪　隋

這組塑像是隋代彩塑的精品，主尊趺坐佛，通體豐滿圓實，塑造手法洗練、概括並略有誇張；所著的田相紋袈裟以簡練的階梯式表現衣紋，給人以厚重的質地感。兩側的弟子和菩薩各有特徵，都是這一時期的傑出作品。龕口兩邊塑纏枝蓮花龕柱；上邊塑彩帛龍首龕楣，龕楣上纏繞著龍的軀體，龕尾塑張牙舞爪兇猛異常的龍首，在這裏它們是護法的神靈。

Group of Painted Clay Figures (the west wall) Cave 419
The Sui Dynasty (581-618)

▶ 第328窟　龕内北側　供養菩薩　初唐

供養菩薩是菩薩中地位較低的菩薩，他端莊地半跪在蓮花座上（這種坐式叫胡跪），表情文静、虔誠，是同一題材中的佳品。在與他對稱的南側位置，原有一尊同樣的供養菩薩，1924年被美國人華爾納盜走，現存美國波士頓博物館。

Attendant Bodhisattva (the north side of the central niche) Cave 328
Early Tang Dynasty (618-704)

▲ 第328窟　龕内南側　阿難　初唐

阿難是釋迦最親近的年輕弟子，在衆多的佛門弟子中向以“多聞第一”著稱。據説，他能一字不漏地背誦出釋迦講過的經文，並對釋迦之後佛教的傳播和發展起過至關重要的作用。這身阿難像十分生動，他瀟灑自然地侍立佛旁，雙手攏於腹前，腰身微微扭曲，顯得十分大方得體。作者運用近乎寫實的手法，塑造了這位年輕、俊美、聰慧的高僧。特别是他的面部表情：微合的雙眼，緊閉的嘴唇，透露出一股矜持、自負的神情，給作品注入了更加感人的藝術生命。

Ananda (the south side of the central niche) Cave328
Early Tang Dynasty (618-704)

▶ 第328座　龕内北側　迦葉　初唐

迦葉與阿難不但有年齡的差異，經歷和特長也不相同。迦葉以“苦修第一”着稱，作品著重突出了這一特徵：消瘦的身軀挺立得端正筆直，雙手合十，雙眉緊鎖，苦修的艱辛在他臉上留下了深深的印記，老成持重中透露出智慧和虔誠，生動地展現了他飽經風霜的精神風貌。

Kasyapa (the north side of the central niche) Cave328
Early Tang Dynasty (618-704)

▶ 第328窟　西壁龕内主尊　佛　初唐

像高2.19米，除面部和手的膚色是後代重繪外，其餘部份都是盛唐原貌，這在唐塑佛像中是極爲難得的。佛像的製作具有嚴格的規範，作者不可任意創新，但作者在塑造佛光、佛座、衣褶、垂裾時充份運用雕塑的特長，並敷以豐富絢麗的色彩，使莊嚴的佛像變得富麗華貴。

Buddha (the niche built into the west wall) Cave328
Early Tang Dynasty(618-704)

▲ 第205窟　中心佛壇上　彩塑一鋪　初唐

佛壇上的這一鋪彩塑是一佛、二弟子、二菩薩、二供養菩薩、二天王，共九身，從殘損的情況來看，帶有明顯的人爲破壞痕跡，儘管如此，這鋪彩塑仍不失其精美，尤其是菩薩、天王和弟子殘留部份的造型，手法高超、生動傳神，從中不難窺見其精美超群的風采。

Group of Painted Clay Figures (the central altar) Cave 205
Early Tang Dynasty (618-704)

▶ 第328窟　龕内北側　觀音菩薩　初唐

菩薩作游戲坐式，高1.90米，是衆多唐塑菩薩中保存較好的原塑作品。作者技法嫻熟，充份運用和發揮了泥塑彩繪的特長，使肌膚和衣裙、披巾、佩飾等具有了不同的質感。特别是輕柔光潔、自然下垂的衣裙，儼然是質地精良的錦緞，加之絢麗奪目的色彩，更顯得雍容華貴。菩薩形象端莊、氣質高貴典雅、神態深沈而充滿了智慧，充份展示了這位大師的風采。

Avalokitesvara (the north side of the central niche) Cave328
Early Tang Dynasty (618-704)

▲ 第159窟　西壁龕内北側　菩薩　中唐

菩薩上身裸露，形體豐美，晶瑩白皙的肌膚細膩潤澤，姣美的面相微含笑意，文静安詳，和藹可親。用相粉塗染的膚色略帶瓷質效果，至今保持著特有的光澤。

Bodhisattva (the north side of the central niche) Cave 159
High Tang Dynasty (765-780)

▶ 第194窟　西壁龕内南側　菩薩　盛唐

菩薩頭梳雙垂髻，長眉連鬢，雙目低垂，嘴角深陷，面相方圓豐腴，身穿圓領無袖上衣，肩披長巾，下著羅裙，衣裙彩繪素雅華貴，富有絲綢柔輭光鮮、自然下垂的質感。菩薩姿態端莊典雅，神情嫻淑文静，健康靚麗的女性美使他更像俊俏秀美的少婦。

Bodhisattva (detail) (the south side of the central niche) Cave194
High Tang Dynasty (765-780)

第96窟　大佛　初唐

這是敦煌石窟中最高的彩塑佛像，通高35.5米，這種巨形佛像一般都採用石胎泥塑的方法塑造而成，即在開鑿洞窟的同時，在岩體上雕出佛像的大體胎形，然後用草泥塑出形體細部，最後彩繪而成。這是一尊彌勒佛像，完成於武則天時代的695年，但面部、右手及衣飾彩繪已幾經重修。

Big Buddha Cave 96
Early Tang Dynasty (618-704)

第194窟　西壁龕内北側　菩薩　中唐

像高1.48米，上身半裸，頭挽垂環高髮髻，上身裸體，肩披巾，腰束錦綉長裙，肌膚豐潤瑩潔，給人以柔輭細膩的感覺，慈悲可親的笑容裏蘊含著憨厚和誠實。

Bodhisattva (the north side of the central niche) Cave 194
Mid-Tang Dynasty (781-847)

第159窟　西壁龕内南側　菩薩　中唐

菩薩頭梳高髻，長髮披肩，項飾瓔絡，身穿小花内衣，外罩海石榴捲草紋帔子，下著團花羅裙，豐腴健美的形體稍有“S”形扭曲，氣質高雅大度。滿身錦綉羅綺，花團錦簇，衣飾圖案繪製精美，色調清雅，和諧統一。

Bodhisattva (the south side of the central niche) Cave159
Mid-Tang Dynasty (781-847)

▶ 第205窟　佛壇南側　菩薩　初唐

菩薩爲游戲坐（半跏趺坐），雖已殘損，但仍不失其豐腴健美的風采，厚實健壯的軀體充滿了生命的活力，起伏的肌膚仿佛富有肉體的彈性和質感。作者技藝高超，一絲不苟，精心塑造這尊圓塑的每一個部位，以致我們從任何一個角度去觀賞，都會感受到一種美的愉悅。我們不妨把他看作中國古代人體藝術在宗教美術作品中的表現。膚色經過變化已呈黑紅色。

Bodhisattva (the southern part of the central altar)  Cave205
Early Tang Dynasty (618-704)

◀ 第45窟　龕内南側　阿難　盛唐

這身年輕瀟灑的阿難，操手扭腰，身體自然放鬆，無拘無束而又不失得體大度。相比之下，他那低垂的目光和表情又多了一份老成和文静。

Ananda (the south side of the central niche) Cave 45
High Tang Dynasty (705-780)

▼ 第328窟　西壁佛龕　彩塑一鋪　初唐

龕内外原有彩塑九身：一佛、二弟子、二菩薩、四供養菩薩，其中龕内南側的供養菩薩於1924年被美國人華爾納盗走，現存美國波士頓博物館。這是一組十分精美的盛唐彩塑作品。

Group of Painted Clay Figures (the niche built into on the west wall) Cave 328
Early Tang Dynasty(618-704)

▲ 第46窟　西壁龕内北側　天王　盛唐

這是與南側相對稱的天王，雖然頭髮和面部色彩經後代重繪，但仍不失唐塑的氣質和風采，他腳下的惡鬼（地神）是長著連鬢鬍鬚的胡人像，地神軀體肥壯，滿臉横肉，目露兇光，塑造得非常生動。天王威風凜凜，嘴巴張開，定格在發出一聲令人驚懼的“哈”聲的神情中。南北二身天王，一身“哼”，一身“哈”，這就是所謂的“哼”、“哈”二將。他們守護在佛龕兩側，有著維護佛法鎮壓邪惡的震懾作用。

Heavenly King (the north side of the inner section of the central niche)
Cave 46
High Tang Dynasty (705-780)

▶ 第194窟　西壁龕外北側　力士　盛唐

力士是次於天王的護法神，一般都是半裸，腰束短裙，這種形象能更直接地表現強健的體魄。作品在寫實的基礎上運用藝術誇張的手法，刻意強調了肌肉的隆起和健美的造型。力士跨步展臂，突目張口，仿佛定格在大喝一聲的瞬間情景中，全身凝聚著無窮的爆發力，那張開的五指強勁有力，似乎能力摧千鈞。作者以精湛的技藝，在塑造人體美的同時，突出了“力”的内在神韻，並以剛直善良的形像使人感到力士既威武又和藹可親。

Warrior (the northern outside of the central niche) Cave 194
High Tang Dynasty (705-780)

▶ 第45窟　西壁龕内南側　阿難 菩薩 天王　盛唐

佛教群像的排列，有嚴格的主從序列。這是位於主尊釋迦牟尼右側的侍從阿難、大勢至菩薩、天王，三身像身份不同，每一身都具有鮮明的形象特徵。中間的大勢至菩薩法力廣大，無所不至，與觀音菩薩齊名。天王的職責是護法，腳踏地神（惡鬼），威風凜凜。三身像風采各異，傳神而生動。

Ananda, Bodhisattva and Heavenly King (the south side of the central niche)
Cave 45
High Tang Dynasty (705-780)

▲ 第45窟　西壁佛龕　彩塑一鋪　盛唐

這是一組保存完好的唐塑原作精品；一佛、二弟子、二菩薩、二天王。正中的釋迦牟尼佛結跏趺坐，左手置於膝上，右手作施無畏印，身著僧祇支、紅色袈裟，臉型豐滿圓潤。莊嚴、肅穆、慈悲、安詳。身後的佛光色彩絢麗，華貴堂皇。弟子、菩薩、天王個性特徵鮮明，塑造精美，皆爲同類中的精品。

Group of Painted Clay Figures (the niche built into the west wall) Cave 45
High Tang Dynasty (705-780)

▶ 第45窟　西壁龕内北側　菩薩　盛唐

觀音是大慈大悲救苦救難的菩薩，歷來受到廣大信衆的崇拜和信奉。中國的觀音形象很早就開始女性化了，以至明清以後完全變成了女性，但在此之前的觀音形象仍具有明顯的男性特徵，最顯著的是都有鬍鬚，胸部也比較平。這尊觀音頭戴寶冠，髮梳高髻，上身半裸，肌膚圓潤光潔，佩飾披巾、瓔絡、臂釧、手鐲等物。俊美中蘊含著女性的嫵媚。他目光低垂，神情專注，仿佛正在側耳聆聽著朝拜者的傾訴。他是慈悲和善良的化身，是理想和藝術創作的完美結晶。

Bodhisattva (the north side of the central niche) Cave 45
High Tang Dynasty (705-780)

▲ 第322窟　形制　覆斗式　初唐

覆斗式是隋唐以後敦煌石窟的主要窟形。窟室平面均爲方形，頂爲覆斗形，無中心柱，正壁開龕，内塑佛像等，這種龕應是佛殿的象徵。此窟正壁（西壁）開一雙層大龕，這是隋末唐初流行的龕形。

Hall With Inverted Funnel Shaped Ceiling Shape of Cave 322
Early Tang Dynasty (618-704)

▶ 第45窟　龕内北側　迦葉　盛唐

這身迦葉像，精神飽滿，表情爽朗、豁達，眉宇間透露出對佛的赤誠和諳熟佛法的自信。高深的閱歷造就了他深沈、穩健、剛毅的性格特徵。

Ḱāsyapa (the northern side of the central niche) Cave 45
High Tang Dynasty (705-780)

▲ 第322窟　西壁龕内北側　天王　初唐

天王身材修長高大而略顯纖細單薄，表情憨厚，善良並微露親切的笑意，其面相帶有明顯的胡人特徵，或許此窟的主人是胡人，至少説明當時軍旅中有胡人。

Heavenly King (the north side of the central niche) Cave 322
Early Tang Dynasty (618-704)

▶ 第46窟　南壁龕内西側　舍利弗　盛唐

釋迦牟尼涅槃後，僧俗弟子紛紛前來送别，大家悲痛欲絶，弟子舍利弗更是痛不欲生，當場自焚身亡。這身舍利弗是現存唯一的塑像，他面向釋迦結跏趺坐在釋迦牟尼腳後，頭裹巾帕，低眉垂目，神情虔恭執著。作品以嫻熟洗練的手法達到了表情達意的效果。

Śāriputra (the west side of the inner section of a niche built into the south wall)
Cave 46
High Tang Dynasty (705-780)

▶ 第17窟(藏經洞)　洪䛒像　晚唐

洪䛒是中晚唐時期在河西享有崇高地位的高僧，唐王朝敕封他爲“京城内外臨壇供奉大德兼河西釋門都僧統知沙州僧政法律三學教主”，並賜紫衣。這是洪䛒的真容紀念像，體内裝有他的骨灰袋。像高0.94米，身穿田相袈裟，結跏趺坐，造型寫實傳神，神態莊重沈穩，生動地展現了這位德高望重的大唐高僧的氣質和風貌。塑像雖歷經一千一百餘年，但保存完好，是十分珍貴的高僧真容彩塑作品。

Statue of Hong Bian (the Hidden Library)
Late Tang Dynasty (848-906)

▲ 第322窟　西壁龕内　彩塑一鋪　初唐

龕内彩塑共七身: 依次爲一佛、二弟子、二菩薩、二天王。塑像的形式，已由隋代的後背貼壁變成了離開壁面的獨立圓塑。天王塑像也由隋代窟門内兩側的位置移進了龕内，使龕内以佛爲主尊的塑像組合更趨完整。這組彩塑，形體略顯單薄，臉瘦，鼻高，嘴闊，菩薩頭上的高髻以小辮編結而成，與西北地區少數民族相似。是敦煌彩塑中風格獨特的造型。

Group of Painted Clay Figures (the niche built into the west wall) Cave322
Early Tang Dynasty (618-704)

▶ 第45窟　西壁龕内北側　菩薩 天王 迦葉　盛唐

龕内塑像的排列組合以佛爲主尊。佛的左側（北側）依次爲弟子迦葉、觀世音菩薩和天王。迦葉是以“苦修第一”著稱的佛弟子，原爲外道信徒，43歲時皈依佛門，他年高、老成、剛毅。中間的觀音菩薩上身半裸，腰束長裙，形體呈自然的“S”形，優美而自然，是善良和女性美的完美結合。天王是鎮壓邪惡，護持佛法的護法神，他腳踏惡鬼，剛直不阿。三尊像身份不同，各顯風采，是同類作品中出類拔萃的精品佳作。

Kasyapa Bodhisattva and Heavenly King (the inner northern side of the central niche ) Cave 45
High Tang Dynasty (705-780)

（三） 壁畫

隋代前期壁畫佈局大致繼承北朝上、中、下三段式特點。隋後期開始至唐前期，改爲壁畫上部安排説法圖或千佛、或經變，下部爲供養人。作爲盛世的唐代前期也往往通壁安排一幅大型經變。隨著佛教藝術世俗化，唐後期洞窟格局發生了變化，傳統的屏風畫進入洞窟與佛龕。洞窟内通壁安排2至4幅經變不等，各種經變的説法會在上部，經變的情節性故事内容安排於下部的屏風畫。供養人像列分佈在由前室通向主室的甬道或主室正壁與前壁下部。

按壁畫内容可分爲五類：

1.**佛教尊像畫** 除説法圖外，隨著佛教信仰的多樣化，出現了較多的單身尊像，如藥師佛、盧舍那佛、觀音、勢至、地藏以及密教題材的菩薩像。

2.**經變畫** 廣義而言，凡依據佛經變成繪製之圖畫，均可稱爲“變”。狹義而言，指將某部佛經的内容變成一幅首尾完整有情節鋪陳的大畫。據統計敦煌石窟有經變三十餘種，有表現不同淨土思想的阿彌陀經變、無量壽經變、觀無量壽經變、彌勒經變、東方藥師變、十方淨土變；有表現天台最高圓滿的大乘佛法，一切衆生都能成佛思想的法華經變；有宣揚人人都有佛性的涅槃經變、表現大乘般若性空思想，衆生成佛的維摩詰經變；有反映禪宗思想的天請問經變、思益梵天請問經變、金剛經變、楞伽經變等；有宣傳密教持咒誦經祈福禳災的千手千眼觀音經變、不空羂索觀音經變、如意輪觀音經變等等。通常經變畫總是以説法會爲中心，佛在中央，兩側分列大菩薩、天龍八部，還刻畫生動活潑的飛天、載歌載舞的樂舞伎形象。不同的經變畫有各自不同的佛經内容。阿彌陀經變，在憑臺上以坐於蓮花座上説法的阿彌陀佛與兩側的觀世音、大勢至菩薩，即所謂的西方三聖爲主體，週圍圍有衆多的聽法菩薩，憑臺後與兩側矗立著宫殿樓閣，憑臺前有舞伎起舞和樂隊伴奏，憑臺下面綠色的七寶池，八功德水，池水蓮花盛開，化生童子嬉戲，佛上空飛舞的天樂不鼓自鳴。整個畫面表現了西方佛國淨土世界。彌勒經變以彌勒佛説法爲中心，穿插描繪山噴香氣，地涌甜泉，莊稼一種七收，樹上生衣，隨意取用，路不拾遺，夜不閉户，龍王灑水，羅刹掃地，人壽八萬四千歲，壽終老人自入墳墓，女人五百歲婚嫁等等，展示彌勒世界美妙景象。不同的經變有不同的構圖形式。阿彌陀經變、彌勒經變爲主體式構圖，以佛和菩薩説法會爲中心，四週穿插淨土世界的各種場景與情節，畫面渾然一體。觀無量壽經變、東方藥師經變，中間以淨土世界説法會爲主體，兩側以對聯形式的立軸畫分別表現佛經中的故事。觀無量壽經變分別繪畫未生怨、十六觀；東方藥師經變分別繪畫九横死、十二大願。這樣的畫面主次分明，故事畫作爲經變畫的一部份，爲裝飾的需要形成了較爲規整的連環畫形式。

▲ 第57窟 南壁 説法圖 初唐

圖中阿彌陀佛結跏趺坐於雙獅座上，作説法相，上有寶蓋雙樹，側立伽葉、阿難二弟子、觀音、大勢至等十菩薩和二力士。畫面構圖緊湊，描繪精細，設色富麗。特别是淡朱暈染的膚色和瀝粉堆金的衣冠服飾，使畫面更顯得華貴富麗。

Buddha Preaching the Law (the south wall) Cave 57
Early Tang Dynasty (618-704)

▶ 第57窟　南壁　觀世音菩薩　初唐

在衆多的唐代菩薩形象中，這尊觀世音畫像是最佳精品之一，被人們贊譽爲美人像，此窟也因此而被稱作"美人窟"。菩薩體態婀娜，肌膚光潔細膩，長目細眉，唇紅鼻直，文静典雅，姣美嫵媚。瀝粉堆金的寶冠佩飾和淡朱暈染的肌膚使他更顯得與衆不同，華貴富麗。

Avalokitesvara (the south wall) Cave 57
Early Tang Dynasty (618-704)

▼ 第217窟　北壁　觀無量壽經變　盛唐

經變主尊是阿彌陀佛和四脅侍菩薩，兩側平臺上分别是以觀音和大勢至爲首的菩薩群像。畫面背景是宏大的建築群，建築群中部是前、後佛殿，兩側有迴廊環繞，自成小院。前佛殿兩側共有相對稱的八座建築，有鐘臺（西側）、經臺（東側）及各種造型的閣樓，整座建築佈局對稱，宏偉壯觀，透視比例較爲準確、結構部件描繪得具體清晰，色彩斑斕，華貴富麗，是珍貴的建築形象資料。

The Illustration of Amitayurdhyana Sutra (the north wall) Cave 217
High Tang Dynasty (765-780)

▲ 第217窟　北壁上部　穿樓飛天　盛唐

飛天拖著長長的巾帶穿樓而過，就像技藝精湛的雜技演員在做高難度的表演動作，身輕如燕，上下翻飛。巾帶隨風飄舞，烘托出強烈的動感和速度。

Apsaras are sweeping in and out through Windows (the upper part of the north wall) Cave 217
High Tang Dynasty (765-780)

▶ 第217窟　南壁　法華經變之化城喻品　盛唐

一行人前往寶池取寶，但山高路遠，艱難險阻，衆人畏難退縮，想中途返回。這時，導師以神通力化出一城(右下角)，讓衆人入城休息後繼續前行。導師隨即又隱去化城。這是一幅以青緑山水爲背景的故事畫，圖中山巒青翠，河流蜿蜒，行人自遠而近穿行其間，充滿了詩情畫意，是一幅出色的山水人物畫。

Parable of the Illusory City of the Saddharmapundarika Sutra (the south wall) Cave 217
High Tang Dynasty (765-780)

又如維摩詰經變表現維摩居士與文殊菩薩共論佛法，勞度叉鬥聖變表現外道勞度叉和佛弟子舍利弗神變鬥法，兩經變的畫面都分成左右，使其各成主體，圍繞兩方主體人物，交織各種神變故事，内容豐富，引人入勝。經變畫這種佛教藝術形式是中國佛教藝術的獨創，體現了中國古代藝術家駕馭複雜題材，創作大型經變，宏篇巨製的傑出水平，畫家善於通過雄偉壯觀的宫殿樓閣，綺麗多姿的山水景致來創造遼闊的境界，同時善於應用豐富燦爛的色彩，渲染成一種金碧輝煌的效果，以此來表現佛國淨土的美妙世界。在雄偉壯闊的場景中又注意細緻入微地刻畫不同的人物。

3.佛教東傳故事畫　又名佛教史跡畫。始於隋、初唐，盛於唐後期。爲傳自天竺（今印度）、尼婆羅（今尼泊爾）、犍陀羅（今巴基斯坦白沙瓦一帶）、西域于闐（今中國新疆和田）和中國本土的佛教傳説。題材多達數十種，大抵分爲佛教感應化現的傳説，弘揚佛教的高僧和使臣的神異故事，顯示神靈、表徵吉凶的佛教瑞像圖，佛教聖地和聖跡的傳説。如釋迦曬衣石、善斷吉凶的佛圖澄、張騫出使西域求佛名號、犍陀羅國釋迦雙頭瑞像、于闐毗沙門天王與舍利弗決海、中國四大佛教靈山之一的五臺山及其聖跡與化現傳説。這些看似神奇的傳説故事，反映佛教的東傳，中國與印度、中亞、西域的文化交流，佛教的中國化。

4.供養人畫像　有僧官、僧尼，當地達官貴人、文武官僚、工匠、牧人、行客、侍從、奴婢和善男信女，唐後期張氏歸義軍政權興建洞窟中的供養人畫像，一家三代，姻親眷族都依次排列在一起，此時的洞窟成了光耀門庭的家廟。特別是晚唐第156窟場面宏大，結構嚴謹的“河西節度使張議潮統軍出行圖”與“宋國河内郡夫人宋氏出行圖”乃重要的歷史畫卷。隋唐時期供養人像逐漸增大，盛唐開始一些大窟中出現等身大像。供養人的形象服飾描繪得細緻講究。

5.裝飾圖案　隋代圖案是北朝“建築裝飾圖案”向

▲ 第329窟　西壁龕頂北側　乘象入胎　初唐

經文說：佛母摩耶夫人夢見一位天神乘六牙白象從天而降，來到近旁，從此有感而孕，後生下太子，便是釋迦牟尼。圖中天神高坐象背，白象（已變爲黑褐色）腳踩蓮花，前有乘龍仙人引路，四週祥雲繚繞，天花朵朵，一派祥瑞喜慶景象。

Conception of Prince Siddhariha (the northern part of the ceiling of the central niche) Cave 329
Early Tang Dynasty (618-704)

▶ 第71窟　北壁　供養菩薩　盛唐

菩薩頭戴寶冠、髮梳高髻、長髮披肩、交腳趺坐於伏瓣蓮花座上。前面一身容貌姣美，文雅恬靜，右手支頤，仿佛沈浸在一種美妙的思惟境界中，後面一身右手拈花，動態輕鬆、隨意，神色悠閑自如。

Attendant Bodhisattva (the north wall) Cave 71
High Tang Dynasty (765-780)

◀ 第156窟　南壁　張議潮出行圖　晚唐

唐中期，河西地區曾一度被吐蕃奴隸主佔據，後張議潮率衆起義，推翻了吐蕃統治，唐王朝因此敕封張議潮爲河西十一州歸義軍節度使。出行圖長達八米，人馬百餘，場面宏大，手法寫實，是歌頌現實人物的歷史長卷。這是出行隊伍的前導部份，開路者擊大鼓、吹長號（角），軍校侍從乘馬列隊隨於後，旌旗飄揚，長矛高豎。隨軍樂舞載歌載舞，舞姿優美並富有行進的節奏和旋律。這是一幅敦煌壁畫中前所未有的歷史人物畫卷，具有珍貴的資料價值。

The Illustration of Zhang Yichao on the March (the south wall) Cave 156
Late Tang Dynasty (848-906)

▶ 第156窟　北壁　宋國夫人出行圖　晚唐

宋國夫人是張議潮的妻子，兩幅出行圖位置對稱、大小無異，衹是人物組成不同。這是夫人出行圖中位於前導的歌舞百戲。精彩的載竿表演中，一人頭頂高竿，兩臂伸展把握平衡，竿上端有十字形横竿，四個小童在竿上作各種驚險的表演。其後是行進樂舞，在悠揚的樂曲聲中，四舞者長袖飛揚，舞姿歡快舒展。畫面生動、寫實而富有生活氣息。

The Illustration of Song Guo Furen on the March (the north wall) Cave 156
Late Tang Dynasty (848-906)

唐代“織物圖案”的過渡形式，以“藻井圖案”爲其代表，紋樣形式多樣。唐代是敦煌圖案發展的高峰，以藻井圖案爲代表，裝飾多仿綾、錦、絹、繡織物上的紋樣，繁縟多樣，井内主花紋樣有蓮花、三兔蓮花、交杵蓮花、靈鳥蓮花、蓮花飛天、團花、雲頭團花、葡萄石榴、寶相花、茶花等等。井外邊飾圖案主要紋樣有捲草紋、靈鳥石榴捲草紋、百花蔓草紋、半團花紋、團花紋，各種幾何紋如回紋、菱格紋等，造型豐滿，結構嚴整，色彩華麗。

壁畫藝術經過隋代的探索，唐代臻於嫻熟精湛。唐前期人物豐腴，肌勝於骨，色彩富麗，綫描採用自由豪放的蘭葉描，繪畫呈現一派雄渾健康，生機勃勃的氣派。吐蕃佔領時期，色彩明快清雅，綫描精細柔麗，人物性格刻畫細膩，構圖嚴密緊凑，形成精緻淡雅的風格。晚唐人物題材的壁畫出現公式化的趨向，開始缺少意境和情趣。

▲ 第 329 窟　西壁龕頂南側　夜半踰城　初唐

釋迦太子長大成人後，有感於人世間生老病死諸多苦難，立意出家尋求佛道，以救衆生，其父不允，太子便乘半夜騎馬離宮出走，天神金剛爲助太子成行，托著馬蹄踰城而過。圖中騎虎仙人在前引路，週圍彩雲翻飛，天花飄落，特別是手托馬蹄的金剛力士，個個身體強健，騰雲駕霧，正邁開大步向前奔跑，有的還邊跑邊回頭觀看，似乎怕有人追趕，生動地渲染了半夜偷偷出走時急切緊張的心情。

Siddhartha Getting over the Wall at night (the southern part of the ceiling of the central niche) Cave 329
Early Tang Dynasty (618-704)

◀ 第 220 窟　北壁　樂舞　初唐

圖中樂隊之龐大也是首屈一指的，由十三人組成，其中一人要盤唱，其他人分別演奏箏、簫、竪笛、方響、篳篥、阮咸、横笛、腰鼓、都曇鼓、毛圓鼓等。這些豐富精湛的樂舞正是唐樂唐舞高度發達的生動寫照。

Dancers and Musicians (the north wall) Cave 220
Early Tang Dynasty (618-704)

▶ 第 112 窟　北壁　報恩經變　中唐

圖中釋迦牟尼佛結跏趺坐在仰蓮座上，四週環繞著菩薩、弟子及聖衆，佛案前的舞樂圖無論人物、樂器均描繪得十分細緻、生動。經變上部的青緑山水中穿插著鹿母夫人的故事。整幅經變幅面雖小，但描繪精細、一絲不苟。部份人物肌膚以雲母粉塗染，呈現出晶瑩的光澤。

The Illustration of the Bao'en Sutra (the north wall) Cave 112
Mid-Tang Dynasty (781-847)

▲ 第112窟　南壁　舞樂　中唐

這是觀無量壽經變中的舞樂圖，舞者容貌姣美嫵媚，左手高舉琵琶反背身後，右手轉向背後彈撥，上身前傾右屈，右腿高提，左腿獨立，伴隨著快節奏的旋律邊彈邊舞，這就是有名的“反彈琵琶”是琵琶演奏中的一個高難度動作，在實際演奏中，這衹是一瞬間的效果，作者極其準確地抓住了這一獨特優美的造型，以高超精湛的技藝描繪出了這一精彩的舞姿，就像搶拍下了一幅精美絶倫的特寫。特別是那著地的左腳、拇趾蹺起、正合著樂曲的旋律拍打著節拍，更顯得妙趣横生。

Dancers and Musicians (the south wall) Cave 112
Mid-Tang Dynasty (781-847)

▶ 第159窟　西壁佛龕北側　樂隊　中唐

這是文殊變下部的樂隊，一人打串板，一人吹横笛，一人吹笙。三位樂人眉目清秀，楚楚動人。三人眼睛的形狀和神態各不相同，但都全神貫注，沈浸在樂曲旋律的美妙境界中。優雅的演奏動作，靈巧嫻熟的指法，特別是吹笙樂人蹺起的大拇腳趾，正合著音樂節奏輕輕地敲打，形神兼備，生動傳神。

Musicians (the northern side of the niche built into the west wall) Cave 159
Mid-Tang Dynasty (781-847)

▲ 榆林窟第25窟　北壁　彌勒經變　中唐

這是同一題材中繪製最精美、保存最完好的畫面，主體是彌勒三會，中心爲初會：彌勒在龍華樹下説法，左右是法華林菩薩和大妙相菩薩以及聽法的聖衆和天龍八部。左右下角分別是第三會和第二會，與初會呈品字形組合。其餘空間穿插了許多彌勒世界的景象，如道不拾遺，一種七收，樹上生衣等。這幅宏偉的畫面主次分明，疏密有致，作者技藝精湛、畫風細膩，人物、景物乃至各種陳設器具無不精描細繪，加之濃淡相宜的敷彩，更顯得清新絢麗，是敦煌壁畫藝術中最爲精美的作品之一。

The Illustration of the Maitreya Sutra (the north wall) Cave 25 of the Yulin Grottoes
Mid-Tang Dynasty (781-847)

▶ 榆林窟第25窟　北壁　老人入墓　中唐

經文裏説：在彌勒世界，人壽將終時自己到墓冢而死，圖中表現的正是這一情景：墓中的老人正與子孫家人告別，親人們悲悲切切，不忍離別。老人頭戴烏紗帽、全身素白、腰束青帶、端坐胡床、右手扶著藤杖、左手拉著掩面哭泣的親人們似在安慰，孫輩伏地叩頭，家人以袖拭泪。唐式墓園内外樹木茂盛，情景相宜。作品手法寫實細膩，形象生動傳神，具有珍貴的資料價值。

An Old Man Getting into Tomb (the north wall) Cave 25 of the Yulin Grottoes
Mid-Tang Dynasty (781-847)

▲ 榆林窟第 25 窟　南壁　觀無量壽經變　中唐

觀無量壽經變主體部份的"極樂世界"與阿彌陀經變並無差別，所不同的是，觀無量壽經變主體兩側繪有條幅連環畫形式的"未生怨"和"十六觀"故事，這種結構更複雜、內容更豐富的經變畫自盛唐以來經久不衰，是表現西方極樂淨土的主要形式。圖中，宏大的建築群巍峨壯觀，樓下是青綠透澈的七寶蓮池、八功德水，水中蓮花朵朵、童子嬉戲，臺上樂隊左右對稱，中間一舞伎身挎細腰長鼓，伴隨歡快的節奏蹬踏起舞，展開的雙臂五指張揚，擊鼓的動作雄健有力。畫面人物不多，空間開闊，花樹枝葉繁茂，禽鳥悠閑飛落，是同類作品中風格獨具的精品佳作。

The Illustration of Amitayurdhyana Sutra (the south wall) Cave 25 of the Yulin Grottoe
Mid-Tang Dynasty (781-847)

◥ 第 159 窟　南壁　彌勒經變之剃度　中唐

剃度是人們出家修行的第一步，與此同時，還要洗浴、更衣，以示徹底脱離塵世，步入清淨佛門。圖中一人在刷牙，刷牙者左手拿一小瓶，右手食指正伸向口中，旁有一人拿巾帕侍立。畫中形象雖小，但人物的一舉一動生動傳神，器物形象也很逼真，具有重要的資料價值。

Tonsuring the Royal consorts of the Illustration of Maitreya Sutra (the south wall) Cave 159
Mid-Tang Dynasty (781-847)

▶ 榆林窟第 25 窟　南壁　觀無量壽經變之建築　中唐

作爲淨土變構圖框架的建築，取材於官建及寺院的形式和佈局，而且帶有明顯的時代印記。這組宏大的建築左右對稱，佈局嚴謹，亭、臺、樓、榭之間階梯相連，迴廊貫通。在注重建築整體造型的同時，對結構細部的描繪也十分細緻認真，顯示了作者精熟建築藝術的功力和高超的技藝。

Buildings (the south wall) Cave 25 of the Yulin Grottoes
Mid-Tang Dynasty (781-847)

▲ 第45窟　西壁龕頂　見寶塔品　盛唐

見寶塔品是法華經的内容之一。畫面正中帳形多寶塔内是並坐説法的二佛，一尊是釋迦，一尊是多寶。塔帳横楣裝飾著瓔珞流蘇懸鈴，帳頂放射五彩光芒。兩側侍立著衆多的菩薩。四週彩雲環繞，表示釋迦以神通力將寶塔和聖衆升在了虛空。畫面意境莊嚴、色彩華麗，裝飾效果濃鬱。

Two Buddhas (Probhūtaratna and Sākyamani seated side by side) Preaching the Law (the ceiling of the central niche) Cave 45
High Tang Dynasty (705-780)

▶ 榆林窟第25窟　北壁　天龍八部　中唐

天龍八部是佛教中的神靈，圖中分别以金翅鳥、雄獅和蟒蛇等頭飾標示他們的身份。頭飾金翅鳥的迦樓羅是取龍爲食的金翅鳥王，摩侯羅迦是大蟒神。作品充份運用綫條的造型功能，極爲生動地描繪出了三位神將各自不同的形象、氣質和威風，是同類作品中的精品。

Worshipping Heavenly Kings (the north wall) Cave 25 of the Yulin Grottoes
Mid-Tang Dynasty (781-847)

▲ 第172窟　北壁　觀無量壽經變　盛唐

這幅大型觀無量壽經變是同類作品中的精品，圖中建築佈局、人物組合更趨成熟，特别是透視關係的處理，很有新意，主體大殿爲仰視角度，更顯其高大。兩側配殿畫成俯視，深邃廣闊。後部閣樓取平視角度，顯得深遠而錯落有致。這種透視法的組合並不合乎科學，但却使觀者的視點大致集中在了中軸綫偏上的位置，從而産生了近乎焦點透視的效果。在這座宏偉的建築之上，諸佛乘雲來來往往，各種天樂不鼓自鳴，特别是四身小飛天，形體纖巧玲瓏、舞姿婀娜動人，頗有情趣意境。

The Illustration of the Amitayurdhyana Sutra (the north wall) Cave 172
High Tang Dynasty (705-780)

◀ 第445窟　北壁　剃度圖　盛唐

這是彌勒净土變中的畫面，描繪了人們在出家修行時削髮剃度的情景，畫中人物爲女性，按習慣要用布帷遮擋，人物形象生動、傳神，所用剃刀、柳編等都是常用物品，富有濃鬱的生活氣息。

Tonsuring the Royal Consorts (the north wall) Cave 445
High Tang Dynasty (705-780)

▶ 第320窟　南壁　説法圖　盛唐

圖中的兩塊空白是1924年被美國人華爾納粘走壁畫留下的痕跡。圖上方的四身飛天是這一題材中最具代表性的佳作之一，他們兩身一組，相向對稱，相互之間氣韻貫通，既富有整體組合的裝飾美，又具有各自風姿綽約的神韻。飛天比例準確，體態優美匀稱，前面一身回頭似在召唤，後面一身急起直追，前呼後應。飛天揚散著的花朵飄然而下，祥雲瑞氣繚繞虚空。畫面造型、動感和意境都達到了極佳的水準。

Buddha Preaching the Law (the south wall) Cave 320
High Tang Dynasty (705-780)

▲ 第85窟　南壁　報恩經變之樹下彈箏圖　晚唐

這是經變惡友品中的一個情節。故事說：善友太子在取寶的路上被惡友刺瞎雙眼，流落到異國作了守園人，每日彈琴自娛，以解心中鬱悶。該國公主聞琴聲來到園中，二人情投意合，結爲夫婦。後善友雙眼終得復明，雙雙返回家中。圖中樹蔭下、綠草中，善友撫琴彈奏，公主端坐聆聽，在清爽幽静的果園裏，二人情真意切、初定終身。作品構圖簡潔、形象生動、情景相宜、頗有意境，是獨具特色的愛情小品。

Playing the Zheng under a Tree (the south wall) Cave 85
Late Tang Dynasty (848-906)

▶ 第14窟　南壁　千手千眼觀音變　晚唐

千手千眼觀音是唐密宗信仰的主要尊神，以月輪狀的千手千眼觀音爲主尊，四週有二十八部衆和菩薩爲護法。千手千眼意爲“千臂莊嚴普護持，千眼光明遍觀照”，能救度一切衆生。圖中主尊觀音面有三目，頭戴化佛冠，男相女身，主手結金剛界定印，月輪狀千手内圈四十手，手中執劍、杵、弓、鈎等法器，外五輪均爲仰掌，千手掌中各有一眼。整幅畫面爲曼陀羅壇法圖。

Thousand-armed and Thousand-eyed Avalokitesvara (the south wall) Cave 14
Late Tang Dynasty (848-906)

▲ 第12窟　南壁　法華經變之作戰圖　晚唐

這是一幅攻守雙方激烈交戰的場面。城外河邊右側，騎兵們各個揮刀射箭，奮力向前，馬後城墻下有一人正在擂鼓助威。河中落水的士卒在激流中掙扎呼喊，戰馬正從水中登岸；對岸，步兵跪地射箭。身後也有一人在擂鼓助戰。兩隊騎兵從不同方向催馬急馳而來，似來匯合參戰。圖中形象生動傳神，特別是戰馬的動態各具特色，奔跑者如風馳電掣，衝鋒者争先恐後，河岸右側下部的一匹馬急馳到河邊時後腿蹬地，前腿和身體騰空而起，極其生動地表現了懸崖勒馬時的驚險情景。從圖中我們似乎能感到那種人喊馬嘶、刀光劍影的慘烈和血腥。

Battle Scene of the Illustration of the Saddharmapundarika Sutra (the south wall) Cave 12
Late Tang Dynasty (848-906)

▶ 第14窟　南壁　不空絹索觀音　晚唐

絹索本來是捕鳥的網，佛教給它富於了一種象徵意義，説菩薩能用它救度衆生，並且不會落空，因此，稱作不空絹索觀音，是觀音多種功能中的一種變異形象。圖中主尊觀音一面八臂，頭戴彌陀冠，主臂二手持蓮結印，上二手各持金剛鈎、三叉戟。中左手執寶瓶，右手握柳枝。下左手持淨瓶，右手結印。身穿鹿皮衣，右肩袒露，下穿長褲並有護膝。畫面所表現的是普陀洛山寶殿會的盛况，主尊上部有阿彌陀佛，釋迦佛，世間王如來。兩側是護法菩薩、天王、金剛力士等部衆，還有伎人伎樂天等。是一幅純粹的法會内景圖。

Amoghapāśa-avalokiteśvara (the south wall) Cave 14
Late Tang Dynasty (848-906)

▲ 第 55 窟　中心佛壇上南側佛座旁　金剛力士　宋

敦煌宋代彩塑一般都較呆板，但也不乏傳神之作，這身金剛力士半跪於地、肩托佛座，全身凝聚著巨大向上的力度，表情威嚴專注，顯示出一種不畏重負，忠於職守的忠誠和剛毅。

Heavenly King and Warrior (the southern part of the central altar) Cave 55
The Song Dynasty (960-1226)

◀ 第 12 窟　南壁　法華經變　晚唐

《法華經》共有二十八品，壁畫中多有取捨，此鋪經變中心是釋迦在靈鷲山説法的宏大場面，週圍分別畫《方便品》、《信解品》、《化城喻品》、《見寶塔品》、《提婆達多品》、《隨喜功德品》、《藥王菩薩本事品》等内容。畫面人物、景物衆多，但佈局合理，疏密有致，中央法會四週聽衆呈環狀排列，多寶塔高懸虛空，畫面對稱均衡，小而清晰的一個個故事充滿了情趣意境。

The Illustration of the Saddharmapundarika Sutra (the south wall) Cave 12
Late Tang Dynasty (848-906)

## 三、　五代、宋、西夏、元時期石窟藝術

晚唐武宗、後周世宗兩次滅佛使佛教遭到沉重打擊，佛教各宗派已日趨衰落；唐中葉以後經濟重心開始南移，海上絲綢之路興起，陸上絲綢之路漸趨衰弱。上述諸多因素影響下，敦煌石窟佛教藝術也呈衰退趨勢。但五代、宋時期統治瓜（今安西縣）、沙（今敦煌市）的曹氏歸義軍政權經濟、政治、外交，舉措得當，宗奉佛教，設置畫院與伎術院，形成了院派特色，石窟佛教藝術仍顯繁榮景象。西夏、元時期受到中原繪畫藝術與藏傳密教藝術的影響，也不乏精品佳作。

### （一）洞窟建築形制

繼承晚唐舊式，主要流行主室正壁開龕，和中心設方形佛壇的殿堂窟，五代、宋時期中心佛壇窟規模超過前代。此時還保存了宋代開寶二年（970）、開寶八年（976）、太平興國五年（980）等紀年的木構窟檐四座，它們是第 427、431、444、437 窟。西夏、元時期殿堂窟出現了多層圓形佛壇的形式，如莫高窟第 465 窟、榆林窟第 3 窟等。

### （二）彩塑

多遭嚴重破壞、僅存五代第 261 窟、宋代第 55 窟、西夏第 246 數窟彩塑。塑像題材與風格承唐代之餘緒，但已缺乏唐塑之神。第 55 窟主像塑彌勒佛像二身，表現“彌勒三會”，西夏第 491 窟塑供養天女，都是新題材。

### （三）壁畫

**1. 經變畫**　五代、宋時期仍以大幅經變爲主，題材内容大多一如前代，隨著洞窟規模擴大，有的洞窟經變規模之大，入畫内容之多，超過前代。第 220 窟後唐繪新樣文殊、第 76 窟宋代繪千手千眼觀世音菩薩廣大圓滿無礙大悲心陀羅尼經變、八大靈塔變等，都是新題材。但經變種類數量漸趨減少，畫面格式化現象日益嚴重，畫面榜題增多，幾乎每個畫面的内容，均插以墨書榜題，藉助榜題文字，説明所繪内容。至西夏、元時期，大部份傳統題材經變的種類進一步減少，有的已絕跡，畫面更趨格式化。受中原兩宋畫風之影響，榆林窟第 2、3、29 窟所繪水月觀音、文殊變、普賢變，無論人物造型、山石雲氣，綫描賦色、結構佈局、意境神韻都是不可多得的藝術佳作。與此同時受藏傳密教藝術的影響，曼陀羅、五方佛、明王、金剛等藏傳佛教題材增多。出現藏密繪畫藝術的新因素、新技法。

**2. 佛教東傳故事畫**　五代、宋、西夏時期進一步發展，共有 40 多個洞窟繪畫。瑞像畫以單幅大畫繪於洞窟前室通向主室的甬道頂部，如莫高窟第 98、454 窟牛頭山瑞像及大型聖跡圖。還出現經變式故事畫，與其他經變同繪於一壁，如五代莫高窟第 72 窟的大型劉薩訶和尚因緣變相圖，組合 30 多個内容，描述了北魏聖僧劉薩訶一生的神異事跡，又如五代第 61 窟五臺山化現圖，爲莫高窟最大的佛教聖跡圖。以五

▲ 第 3 窟　北壁　吉祥天女　元

這是位於千手千眼觀音西側的吉祥天女，亦稱功德天，掌管國家安泰及人們的福德。據傳，她是毗沙門天王的妹妹或王妃，在古印度神話中，她是命運、財富和美的女神。圖中天女頭戴花釵冠，穿雲肩羽袖大帶裙襦，一手拿花、一手揚起，形容豐滿秀麗，端莊高雅，頗有上流社會貴婦人的氣質。

Auspicious Deity (the north wall) Cave 3
The Yuan Dynasty (1227-1368)

峰爲主體，組合五臺山數百里内靈異化現，佛教聖跡及城市關隘、店鋪、道路共一百九十餘處於一壁，自上而下描繪了天界、神和人交接界、人間現實世界，是一幅獨特的以現實與想像結合的畫圖，内容豐富，意境深遠，也是一幅難得的山水畫。

**3. 尊像畫**　五代、宋時期出現了大幅四大天王、天龍八部、八大龍王、毗沙門天王赴哪吒會等護法題材，另有宋、西夏時期大型供養菩薩行

▲ 第 220 窟　北壁　藥師經變　初唐

藥師經變表現的是東方藥師淨土的盛況，以藥師七佛和八接引菩薩爲主體，十二藥叉大將護衛兩旁，上有飛天翱翔，下有曲池流泉，在“燈山火木”的照耀下，龐大的樂隊管弦齊鳴，飛旋的舞女巾帶飄揚，這就是著名的胡旋舞，原出自西北地區的康國，唐時進入宮廷。圖中東側二身舞者白裙素裹，西側二身穿錦衣石榴裙，四人腳下各有一塊小圓毯，飛旋如風的舞姿令人眼花繚亂。歌舞昇平的歡樂景象使莊嚴的佛國充滿了盎然生機。這是敦煌壁畫中最美妙的樂舞圖之一。

The Illustration of the Bhaisajya-guru-vaidurya-raja-sutra (the north wall)
Cave 220
Early Tang Dynasty (618-704)

列，十六羅漢圖。

**4.本生、因緣、佛傳故事畫** 數量雖不多，却都是宏篇巨製，繪於五代、宋一些大型洞窟壁面下部，以大面積連屏表現。

**5.供養人畫像** 五代、宋時期數量進一步增加，形象更爲高大。曹氏歸義軍政權一門五代及其姻親、顯官、屬吏，還有與曹氏聯姻的于闐國王、王后、甘州回鶻公主，均與入壁。如五代第98窟供養人像達

160多身，組成宏大的隊伍，顯赫其身份，于闐國王像高達2.92米。至西夏、元時期，出現了党項族、羌族、回鶻族、蒙古族供養人像，有國師、貴族、官員，體格魁梧，身材高大，身著不同民族的服飾。

**6.圖案藝術**　已趨式微，紋樣規整但過於程式化。五代圖案繼承唐代餘風，多繪團龍藻井，井心蓮花中多繪團龍，井外多捲草紋、回紋邊飾。宋與西夏浮塑施金的團龍藻井，有一龍、二龍、四龍、五龍。還有團花藻井，花中畫交杵和法輪，井外邊飾以回紋，捲草紋、白珠

▼ 榆林窟第3窟　西壁北側　文殊變　西夏

文殊菩薩端坐在青獅背上的蓮花座上，手持如意、姿態自然隨意，形象豐腴、俊雅，神色沈静、堅毅，身後的頭光和背光晶瑩透明，珠光寶氣。帝釋天王、菩薩、羅漢、童子等聖衆踏雲踩霧，護衛随行。文殊前方的帝釋天身穿中國帝王朝服，雙手捧盤，盤中盛滿珊瑚、犀角、寶珠等。聖衆前方有引路的善財童子，童子脚踩蓮花，全身罩在圓光之中。隨行的聖衆個個氣宇軒昂，仙風道骨，身處雲靄之上，空臨大海，緩緩前行。畫面遠處背景的山巒群峰，應是文殊菩薩居住的清凉山，山中佛寺錯落，殿宇巍峨，與前方的人物群像組成了一幅氣勢磅礴的山水人物畫卷，體現了兩宋以來山水人物畫的高度成就，是十分難得的傳世佳作。

The Story of Manjusri (the northern section of the west wall) Cave 3 of the Yunlin Grottoes
The Western Xia Dynasty (1036-1226)

▲ 榆林窟29窟　南壁東側　西夏國師　西夏

西夏時，國師享有崇高的地位，除西夏主外，人人都必須禮拜。圖中國師高坐在方形須彌座上，頭戴山形冠，身穿袈裟，一手拈花，前有供案，身後一童子爲他舉著圓形傘蓋，床座下十名僧人禮拜供養。這種一人之下，萬人之上的顯赫地位和活佛身份使他獲得了近乎王者的尊榮。西夏文的墨書榜題譯作“真義國師信畢智海”。“信畢”是党項族的大姓，在見於記載的十多位國師中，這是唯一現存的畫像。

Worshipping State Priest of Western Xia (the eastern section of the south wall) Cave 29 of the Yunlin Grottoes
The Western Xia Dynasty (1036-1226)

▶ 榆林窟第2窟　西壁北側　水月觀音　西夏

水月觀音變相自唐代開始出現，在敦煌壁畫中始見於五代，但畫幅很小，到西夏晚期演變成這樣的鴻篇巨製。圖中觀音上身半裸，肩披綠色大巾，下穿紅藍二色雙裙，週身有巨大透明的圓光，在金剛寶石座上斜倚玲瓏的山石而坐，山石後伸出幾枝翠綠的秀竹。意境輕鬆閑適。觀音前方善財童子乘雲而至，向菩薩合掌行禮；空中彩雲浮動，新月高懸，地上水面平静，清澈碧藍，寧静的月夜一片寂静，意境神秘、引人入勝。在畫面右下角，有“唐僧取經”的畫面，圖中唐僧身穿袈裟，雙手合十高舉，正在遥拜觀音，身後的猴面行者穿窄袖衫、束脚褲，一手牽馬，一手遮額仰望觀音。圖中人物膚色等已變爲黑色。

Avalokitesvara Cave 2 of the Yunlin Grottoes
The Western Xia Dynasty (1036-1226)

▲第 72 窟　南壁　劉薩訶因緣變　五代

這幅《劉薩訶因緣變》像巨幅經變畫一樣佔據了整個壁面。祇可惜此窟位置低下，下部曾遭流沙掩埋，壁畫受損嚴重。畫面描繪了諸多劉薩訶的因緣故事，內容豐富，情節繁多，榜題也很多，僅殘存者就有三十餘條（幅）。據考證，現保存尚好的上半部畫面，主要描述了劉薩訶在河西走廊進行宗教活動的情況，爲我們研究中西交通史、河西走廊宗教發展史提供了珍貴的形象資料。

The Stories of Li Shake (the south wall) Cave 72
The Five Dynasties Period (907-959)

紋爲主，元代除沿襲西夏遺風，還有井心繪六字真言、大日如來等，圖案藝術也反映了世俗對佛教藝術的影響，以及藏傳密教的影響。

五代至宋初，即曹氏政權前期的壁畫藝術，猶存唐代餘風。山水畫、故事畫、肖像畫，巨幅壁畫有獨特成就，在畫院畫師或畫行畫匠的帶領下，使公式化的經變形成了統一風格。壁畫人物肌肉豐腴、設色熱烈、綫描豪放有變化，但失之粗糙簡率。至宋代，即曹氏政權後期，經變內容更趨貧乏空洞，人物神情呆板，千篇一

▶榆林窟第 3 窟　西壁南側　普賢變　西夏

圖中普賢菩薩居中高坐於六牙象背上的蓮花座上，白象腳踩蓮花，光頭象奴靠近白象側後手拉繮繩。諸梵天、天王、菩薩、羅漢等聖衆駕雲隨行。遠處峰巒疊起，突兀險峻，山間隱現樓閣寺院，水榭曲欄，還有簡樸的茅舍竹籬，景色幽静清雅，令人暇思神往。作品以不同的綫條描繪不同的物體，山峰爲濃墨重筆，更顯得石壁陡峭、氣勢磅礴，雲氣採用雙勾，呈現出密密層層、翻飛湧動的效果。以鐵綫描和折蘆描畫成的人物，不但比例勻稱、各具特色，而且個個仙風道骨，飄逸俊雅。畫面僅以淺淡的敷彩略施暈染，突出了水墨的造型效果。是十分難得的水墨山水人物精品畫。

畫面左側有一幅玄奘取經圖：在陡峭的河岸邊，玄奘佇立觀望。他身後是牽著白馬的猴臉孫悟空，馬背上的經包閃閃發光。意爲他們是在取經返回的路上。這幅比小說西游記早三百餘年的畫是根據宋人話本繪製的，也是現存最早的玄奘取經圖。

The Story of Samantabhadra (the southern section of the west wall) Cave 3 of the Yulin Grottoes
The Western Xia Dynasty (1036-1226)

◀ 第61窟　形制　背屏式　五代

這是敦煌最大的洞窟之一，面積約200平方米，窟頂爲覆斗形，中心設佛壇，壇上背屏連接窟頂西披。佛壇平面呈馬蹄形，因此也稱作馬蹄形佛床，這種窟形與覆斗式窟最大的區别是有“背屏”，這種“背屏”是在鑿窟的同時預留下的一面石壁，厚約1米，寬約4米，由於壇上主尊塑像就安置在這面石壁前，故稱作“背屏”。背屏與西壁之間形成通道，以便信徒繞壇巡禮。從力學角度來看，背屏在這種大型洞窟裏還能起到支撑作用。佛壇上的塑像已全毁，僅剩貼在背屏上的獅尾。

Hall With Inverted Funnel Shaped Ceiling and Central Stupa-pillar Shape of Cave 61
The Five Dynasties Period (907-959)

律，色彩單調貧乏，綫條柔弱無力，缺乏藝術生命力。

西夏壁畫初期，繼承曹氏畫院規範，後來在進一步漢化基礎上，産生了兼有中原風格和党項民族特徵的人物造型。

元代藝術爲迥異的兩種風格，一種以莫高窟第3窟千手千眼觀音、第61窟熾盛光佛爲代表，用鐵綫描、折蘆描、游絲描、丁頭鼠尾描等多種綫描造型，設色清淡典雅，這是中原傳入的漢密風格；另一種以莫高窟第465窟薩迦派壁畫爲代表，人物形象有印度、尼泊爾人特徵，鐵綫描挺拔秀勁，色彩多用青、白、緑等色，敷色厚重，這種綫描和色彩並重，神秘、怖畏、冷艷的風格，來自藏傳密教。

▲ 第98窟　東壁南側　于闐國王供養像　五代

于闐（和田）早在二千多年前即屬漢王朝所轄，李聖天是五代後晋時被册封爲于闐國王的。這尊供養像高2.82米，旁有墨書“大朝大寶于闐國王大聖大明天子”等字樣。畫像頭戴冕旒、上有北斗七星，身穿袞服，上有日、月、龍等圖形，腰佩長劍，服制與漢家帝王相似。于闐信奉毗沙門天王，國王自稱是毗沙門天王之後，李聖天脚下踩著天女，意味著他具有與天王等同的身份。他身後的女供養人王后曹氏，是瓜沙節度使的女兒。李聖天像曾被重繪，現還能隱約看到底層瀝粉堆金描繪的形象。

Worshipping King of khotan (the southern section of the east wall) Cave 98
The Five Dynasties Period (907-959)

▲ 榆林窟第29窟　南壁東側　供養人及僮僕　西夏

位於西夏國師身後的男供養人著武官服飾，頭戴雲鏤冠，身穿圓領窄袖袍，腰束帶並有護髀，腳蹬烏皮靴，跟隨在第二身供養人身後的小童是其子。供養人旁邊均有西夏文題名。其後緊隨僮僕三人，一長二幼。年長僕人頭挽髻、肩扛長竿、穿短衫細腿褲、麻鞋，二年幼僮僕禿髻，一人穿袍著靴，一人短衫窄褲、麻鞋。西夏主李元昊曾頒佈過禿髻令，圖中兒童均爲禿髻，正是這種習俗的反映。這幾身僮僕雖身份低下，衣著簡樸，但形象生動傳神、各有特徵，給畫面增添了輕鬆自然的情趣和意境。

Donors and Boys (the eastern section of the south wall) Cave 29 of the Yunlin Grottoes)
The Western Xia Dynasty (1036-1226)

▲ 第3窟　北壁　千手千眼觀音　元

千手千眼觀音是六觀音之一。圖中觀音像有十一面，四十隻大手，其中兩隻大手高舉化佛，二手合掌，二手托鉢，四週環繞二飛天及部衆。此窟是敦煌現存唯一以觀音爲主題的洞窟。圖中形象均以墨綫勾勒而成，敷以淺淡清雅的色彩，人物豐滿、勾稱，造型細膩、準確，典雅俊逸，呈圓輪狀排列的千手層層疊疊，密而不亂，規整有序。作者落筆有神，揮毫自如，以遒勁的鐵綫勾勒出人體肌膚，以抑揚頓挫的蘭葉描、折蘆描、行雲流水描等勾畫衣冠服飾，使形象層次分明，質地清晰，肌膚光潔圓潤而富有生氣，衣裙巾帶錦、絹、綿、麻質地各異。作者意像在胸，用筆酣暢流利，技藝之精可謂爐火純青。

Thousand-armed and Thousand-eyed Avalokitesvara (the north wall) Cave 3
The Yuan Dynasty (1227-1368)

▶ 第465窟　西壁正中　金剛曼陀羅　元

曼陀羅主尊是大幅上樂金剛，男女雙身，相互緊抱，勾腿交臂，嘴角相親。男尊面生三目，雙臂緊摟女尊，左手執金剛杵，右手拿金剛鈴，項挂髑髏瓔珞。女尊亦面有三目，左臂繞住男尊脖頸，手中持鉢，右腿勾住男尊左腿。男尊體格堅實勻稱，裸身束裙，女尊豐乳細腰，身材修長，裸身。脚下各踩一人，一仰一伏。

Esoteric Buddhist Deity (the middle section of the west wall) Cave 465
The Yuan Dynasty (1227-1368)

▲ 第61窟　甬道南壁　熾盛　光佛　元

熾盛光佛即金輪佛，佛身毛孔能放射出熾盛光明，可以消除災難。圖中熾盛光佛手執金輪，乘雙輪車，車尾插龍紋旐旗，九曜星神前後簇擁，二十八宿列隊雲端，在藍天白雲的虛空，還散佈著圓光形的"黄道十二宮"星圖，其中"雙星座"星圖中是兩個身著蒙古裝的幼童，頗有意趣。作品佈局得當，描繪精緻，人物形象生動莊重、瀟灑、飄逸。畫面浩浩蕩蕩，氣勢磅礴，意境神秘而富有生機，是出自高手的精品佳作，也是同一題材中的稀世珍跡。

Light-emitting Buddha (the south wall of the corridor) Cave 61
The Five Dynasties Period (907-959)

▶ 第465窟　東壁南側　護法明王　元

明王騎著一頭黑色騾子，因此也被叫作騾子天王。天王裸身，腰間僅束一短裙，膚色赤赭，圓睁三目，身生四臂，手中分别持劍、三叉戟、角頭天杖和鉢。騾子背上坡著一張完整的人皮，騾子頭側有一牽騾侍者，象頭緑身。

Heavenly King Preaching the Law (the southern section of the east wall) Cave 465
The Yuan Dynasty (1227-1268)

▲ 駱駝磚　唐

此磚出自敦煌佛爺廟的唐墓，現存敦煌研究院。磚爲灰陶質地，方形，邊寬35.8釐米×4.5釐米，厚5釐米，駝前縱裂成二塊，下角毀失，牽駝人左腳毀。駱駝爲北方常見的雙峰駝，牽駝人爲胡人形象，故稱爲胡商。這是以磚雕形式表現絲綢之路上胡商形象的唯一遺物，十分珍貴。

Brick with Camel Design
The Tang Dynasty (618-906)

◀ 第465窟　南壁東側　金剛曼陀羅　元

雙身主尊均爲全裸，互相緊抱而立。男尊大幻金剛，全身藍色，四頭四臂，其中三頭爲棕、緑、青色，二臂摟抱女尊，二臂張弓搭箭。女尊全身黑褐（變色），四臂。二臂擁抱男尊，二臂張弓搭箭。二尊身上都佩掛著髑髏串成的聯珠，腳下踩著一人，被踩者裸體，豐乳仰身，右手舉鉢。

Esoteric Buddhist Deity Mandala (the eastern section of the south wall) Cave 465
The Yuan Dynasty (1227-1268)

## 四、 敦煌石窟艺术的珍贵价值

敦煌石窟藝術，大多以佛教經典爲依據，但佛國世界的創造，與現實生活發生密切關係，要攝取現實生活爲素材，佛國世界祇是現實世界的反射。歷經一千餘年創造的敦煌石窟藝術，某種意義上表現了一千餘年古代社會的生活，展示了一千餘年内涵豐富的文化。所以敦煌石窟不僅是輝煌燦爛的藝術寶庫，而且也是極其珍貴的文化寶庫。我們從歷史、藝術、科技三個方面簡述敦煌石窟的珍貴價值。

### （一）歷史價值

敦煌石窟營造及其歷史過程，敦煌的悠久歷史，當地有影響的世族與大姓，以及敦煌同週圍民族與西域的關係，在歷史中没有或很少記載。敦煌石窟有成千上萬個供養人畫像，其中有一千多條還保存題名結銜。供養人像和題記，生動、豐富、真實地提供了許多歷史狀況和歷史綫索。使我們瞭解了與敦煌歷史、敦煌石窟營建史有密切關係的陰、索、李、翟、張、曹等各世家大族的史事，他們相互間盤根錯節的關係，他們與週圍各少數民族政權的複雜關係，他們營造敦煌石窟的史實，都是研究張、曹歸義軍統治時期敦煌歷史的珍貴資料。還使我們瞭解不同歷史時期，拓跋鮮卑、吐蕃、吐谷渾、回鶻、党羌、蒙古等少數民族政權在敦煌的活動，各民族間錯綜複雜的關係及他們的文化藝術，反映了唐代的儀衛制度、奴婢制度、吐蕃官制、歸義軍政權的管制等。

本生、佛傳、福田經變、彌勒經變、寶雨經變、楞伽經變及供養人題記，可幫助我們瞭解古代經濟生活的狀況。如農牧業方面，有耕作、收穫、捕漁、家畜飼養、狩獵。莊園收穫圖和寺院收穫圖，告訴了我們唐代“莊園”與“寺院”經濟的消息。手工業方面有鍛鐵、釀酒、製陶、紡綫、織褐、皮匠、製鞋、畫匠、伎匠、塑匠、紙匠、木匠、石匠、打窟人、金銀匠、弓匠、踏碓師。商業方面有屠房、肉坊、酒肆、旅店、金銀行、木行、弓行等。據藏經洞文獻記載，稱“匠”者共有二十餘種。將壁畫與藏經洞文獻結合研究，可反映出古代敦煌地區手工業和商業的面貌。

法華經變、涅槃經變提供了古代軍隊操練、出征、征伐、攻守的作戰圖，及兵器裝備的寶貴形象資料。

敦煌壁畫中保存有屬於體育屬性的資料，如騎射、射靶、馬技、躍馬、相撲、角力、舉重（舉象、舉鐘）、弈棋、投壺、武術、游泳、馬毬、蹴踘等。

敦煌是絲綢之路的“咽喉之地”，過往胡商、漢賈必經之地，也是從事絲綢貿易與中轉之地。壁畫中描繪了中原與西域商人在絲綢之路上東來西往，相望於道的景象。如北周第296窟福田經變，一邊是高鼻深目的胡商，牽著載有貨物的駱駝，另一邊是騎馬的中國商人，趕著滿載貨物的毛驢，相遇在橋上。同時也透出了古絲綢之路經商貿易的艱難

▲ 第296窟　北壁　福田經變局部　北周

福田經變勸導人們多作善事，說這就像播種福田一樣會得到回報，圖中有建蓋佛堂，種樹蔭人，施藥救人，建橋鋪路，鑿井飲畜等場面。這些積德行善，廣種福田的畫面簡潔明快，構圖寫實，造形生動傳神，具有濃鬱的生活氣息。是這一時期具有代表性的繪畫風格。

Details from the Illustration of the Punya-ksetra Sutra (the north wall) Cave 296
The Northern Zhou Dynasty (557-580)

◀ 第420窟　窟頂　法華經變　隋

畫面描繪的是釋迦牟尼在王舍城靈鷲山爲衆菩薩説大乘妙法蓮花經時的盛況。圖中人物衆多，塔廟寺院，樹石花卉，獸鳥百蟲，蓮池流泉，行雲飛花。各種景物、人物、疏密得當，聚散有致，場面宏大，內容十分豐富，是唐代大型經變畫的先聲和基礎。但因色彩變化嚴重，加之形象小而密，影響了作品的觀賞效果。

The Illustration of the Saddharmapundarika Sutra (ceiling) Cave 420
The Sui Dynasty (581-618)

▲ 第323窟　北壁　張騫出西域故事　初唐

圖中故事説：漢武帝打敗匈奴後獲得了二尊金人，供奉在甘泉宮，但因不知金人的名號，便派張騫到金人的出處大夏（今阿富汗一帶）去問名號。張騫到大夏後得知金人就是佛像，自此佛教傳到了中國。畫面右上殿堂便是甘泉宮，漢武帝和臣屬正在宮前跪拜。下方華蓋下騎馬的是漢武帝，身後跟隨臣屬。馬前執笏跪地的是張騫，正與武帝辭別，身後的隨從牽馬持節。左上是張騫一行西行遠去，左上角的城廓便是大夏。張騫出使西域和漢武帝獲匈奴二尊金人都是史實，但兩者毫無關係，並且金人是匈奴祭天的神，不是佛像，顯然，這是佛教徒的演義。

The Illustration of Zhang Qian Visiting the Western Regions (the north wall) Cave 323
Early Tang Dynasty(618-704)

險阻的消息。如隋代第420窟法華經變，商隊趕著滿載絲綢的駱駝和毛驢，路遇大批武裝的強盜，商隊的財貨被搶劫一空；唐代第45窟觀音經變，一群胡商趕著毛驢，載著絲綢在山谷中遇到了強盜。

絲綢之路既是貿易之路，也是外交往來、文化交流之路。敦煌壁畫也有圖像的記載，如唐代第323窟描繪了出使西域的西漢使臣張騫；五代、宋第98、454窟描繪了出使印度的唐代使臣王玄策；中唐、五代、宋的第231、237、98、61、72窟描繪了西行求法和活躍於河西走廊的名僧劉薩訶；莫高窟第126窟、榆林窟第2、3、29窟刻畫了唐僧玄奘西天取經的事跡；東來傳教的著名僧人安世高、康僧會、佛圖澄在唐宋的第323、9、108、454窟也有描繪。

古代社會生活的衣食住行、生老病死、婚喪嫁娶等民情風俗場景在壁畫中無處不見。盛唐到西夏時期的彌勒經變普遍繪畫了嫁娶圖，表現了佛經所言彌勒世界人壽八萬四千歲，“女人年五百歲，爾乃行嫁”的內容。圖中表現了唐宋時期敦煌地區廣泛流行兩種不同的婚俗，一種是受漢人傳統文化的影響，男方行聘娶婚，即男方行聘，迎娶新娘，回家成婚。另一種是西域民族風俗，男就女家行禮，行入夫婚。壁畫中的嫁娶圖細緻地表現了婚禮場面的設置 在庭院搭設帳篷，宴請賓客的禮席，圍設新婚夫婦拜堂的帳帷和新婚夫婦居住的青廬。還表現了婚禮儀式的全過程：新郎迎親、樂舞助興、拜堂成禮、奠雁之禮、共入青廬，舉行洞房同牢合巹之禮。又如自北周至宋代的故事畫微妙比丘尼、善事太子入海品、佛傳、涅槃經變，表現了古代的喪葬習俗，描繪停棺爲亡人舉哀，出殯送葬、殯葬的喪葬過程；還描繪了行后土之祭，構置墳塋（修築墳墓四週圍墻）、設壙埋葬、地面起墳（堆土堆）的土葬埋葬方式。

敦煌石窟的彩塑和壁畫，大多是佛教內容，如彩塑和壁畫的尊像，釋迦牟尼的本生、因緣、佛傳故事畫，各類經變畫，衆多的佛教東傳故事畫，神話人物畫等，每一類都有大量、豐富、系統的材料。還涉及到印度、西亞、中亞、新疆等地區，可幫助我們瞭解古代敦煌以及河西走廊的佛教思想、宗派、信仰、傳播，佛教與中國傳統文化的融合，佛教中國化的過程等等，對研究敦煌地區佛教史和中國佛教史都是極其寶貴的資料。

**（二）藝術價值**

敦煌石窟營建的一千餘年歷程，時值中國歷史上兩漢以後長期分裂割據，走向民族融合、南北統一，臻於大唐之鼎盛，又由巔峰而式微的重要發展時期。在此期間，正是中國藝術的程式、流派、門類、理論的形成與發展時期，也是佛教與佛教藝術傳入後，建立和發展了中國的佛教理論與佛教宗派，佛教美術藝術成爲中國美術藝術的重要門類，最終完成了中國化的時期。敦煌石窟藝術，綿延千年，內容豐富，數量巨大，其藝術形式

▶第 323 窟　北壁　幽州滅火故事　初唐

這是描述東晋高僧佛圖澄幽州滅火的神異故事。故事說：一天，佛圖澄正爲後趙國王石虎説法，突然得知幽州城失火，便要來一杯酒灑向空中，酒立刻變成一朵烏雲飄到幽州城上空，傾刻間，大雨滂沱，火滅之後，滿街的雨水發出濃濃的酒香。圖中坐於胡床上的是後趙國王石虎，左前站立舉手的僧人是佛圖澄，烏雲從他舉起的手臂前升起，左上角幽州城烈焰騰空，城上空烏雲密佈，大雨如注。由於色彩變化，人物細部已很模糊。

The Story of Putting out a Fire of You Zhou City (the north wall) Cave 323
Early Tang Dynasty (618-704)

既繼承了本土漢晋藝術傳統，吸收南北朝和唐宋美術藝術流派的風格，又不斷接受、改造、融合域外印度、中亞、西亞的藝術風格，向人們展示了一部佛教美術藝術史及其中國化的漸進歷程， 又是中國藝術與西域藝術往來交流的歷史記載， 對研究中國美術史和世界美術史都有重要的意義。

從中國美術的門類角度看，敦煌石窟壁畫中的人物畫、山水畫、動物畫、裝飾圖案畫都有千年歷史、自成體系、數量衆多的特點，都可成爲獨立的人物畫史、山水畫史、動物畫史、裝飾圖案畫史。特别是保存了中國宋代以前即10世紀以前如此豐富的人物畫、山水畫、動物畫、裝飾圖案的實例，這是世界各國博物館藏品所未見的。

敦煌壁畫中有音樂題材洞窟達200 多個， 繪有衆多樂隊、樂伎及樂器， 據統計不同類型樂隊有500 多組，吹、打、拉、彈各類樂器40 餘種，共4500 多件。敦煌藏經洞文獻中也有曲譜和其它音樂資料。豐富的音樂圖像資料，展現了近千年連續不斷的中國音樂文化發展變化的面貌。爲研究中國音樂史、中西音樂交流史提供了珍貴資料。

敦煌石窟大多數洞窟的壁畫中幾乎都有舞蹈形象。有反映人間社會生活、風俗習尚的舞樂場面和舞蹈形象，如西域樂舞、民間宴飲和嫁娶舞樂；有經變中反映的宫廷和貴族燕樂歌舞場景；有天宫仙界的舞蹈形象，如飛天的舞蹈形象、供養伎樂等。還有藏經洞保存的舞譜及相關資料。舞蹈藝術是無法保留的時空藝術，古代的舞蹈形象，我們現代人已知之甚少，就敦煌石窟舞蹈形象的珍藏而言，堪稱舞蹈藝術的博物館，保存了無數高超的舞蹈技巧和完美的舞蹈藝術形象，代表了各時代舞蹈發展的面貌及其發展歷程。

敦煌石窟藝術中有十分豐富的建築史資料。敦煌壁畫自十六國至西夏描繪了成千成萬座計的不同類型的建築畫，有佛寺、城垣、宫殿、闕、草庵、穹廬、帳、帷、客棧、酒店、屠房、烽火臺、橋樑、監獄、墳塋等等，這些建築有以成院落佈局的組群建築，有單體建築。壁畫中還留下了豐富的建築部件和裝飾，如斗拱、柱枋、門窗，以及建築施工圖等。長達千年的建築形象資料，向我們展示了一部中國建築史。可貴的是，敦煌建築資

榆林窟第10窟　窟頂藻井及四披圖案　元

覆斗形窟頂中央畫九尊小佛組成的藻井，狀若盛開的八瓣蓮花，週圍是層層疊疊的邊飾組成的帳形華蓋，邊飾共有十四層，有回紋、聯珠紋、捲草花卉鳥獸紋，交疊龜背紋、聯泉紋等。最外圍是垂角、幔幃。其中，回紋中有以"天""王"等字變形組合而成的紋樣。捲草花卉中有龍、鳳、獅、象、天馬、鸚鵡等，四披還有飛天、迦陵頻伽、伎樂天等。畫面形象清晰、色彩絢麗、疏密有致、動靜相宜，是西夏裝飾藝術的精品傑作。

Pattern on the Ceiling Cave 10 of the Yunlin Grottoes
The Yuan Dynasty (1227-1368)

料的精華，反映了北朝至隋唐四百年間建築的面貌，填補了南北朝至盛唐建築資料缺乏的空白。此外，不同時期、不同形制的800餘座洞窟建築，五座唐宋木構窟檐，以及石窟寺的舍利塔群，都是古代留存至今的寶貴建築實物資料。

（三）科技價值

本生、佛傳故事畫、彌勒經變、法華經變，有許多耕穫圖，表現一種七收的內容。圖中展現了北周到西夏600多年間敦煌地區農業生產的面貌，使我們瞭解當時農業生產的全過程：農夫一牛拉犁、二牛拉犁（二牛擡槓）耕地，婦女持裝籽種的籃子播種，頭戴笠帽、手持鐮刀的農夫，收割成熟的莊稼，男子掄連枷打場，男子以木杈、木楸，女子用簸箕、揚籃揚場等。壁畫中還逼真地描繪了各種農業生產工具，除上述提到的工具之外，還有直轅犁、曲轅犁、三脚耬犁、鐵鏵、耱、耙、鋤、鐵鍁、扁擔、秤、斛、斗、升，特别是盛唐第445窟彌勒經變中出現的能調節耕作深度的曲轅犁形象，爲我們提供了當時最先進的農耕工具的唯一的珍貴圖像資料。

敦煌作爲中西交通的樞紐，在壁畫上不僅留下了商旅交往的活動情景，還留下了寶貴的交通工具的形象資料。它們有牛、馬、駝、騾、驢、象、舟、船、車、轎等。常用的交通工具車輛類型各異，牛車有"通幰牛車"、"偏幰牛車"、敞棚牛車，馬車有駟車、駱車，還有駱駝車、童車、獨輪車等，特别是保存了中國爲世界

榆林窟第10窟　窟頂西披　伎樂天　元

伎樂天頭梳高髻、戴寶冠、著天衣、絳裙，右側懷抱琵琶，左側彈奏古箏，樂器形象清晰逼真。其中琵琶頸部上端呈直角彎曲，叫作曲頸琵琶。

Heavenly Musicians (the western side of the ceiling) Cave 10 of the Yunlin Grottoes
The Yuan Dynasty (1227-1368)

交通工具做出獨有貢獻的獨輪車、馬套挽具（胸帶挽具和肩套挽具）、馬鐙、馬蹄釘掌等珍貴的圖像資料。

西魏第285窟、北周第296窟五百盲賊得眼皈依故事畫，表現了騎著戰馬的騎兵，與身穿褲褶的步兵（強盜）作戰的場面。畫面上畫出了馬鎧，它是保護戰馬的防護裝備，古稱具裝，或具裝鎧。第285窟馬鎧的形制

娑羅龍王現
毒龍二百五十隊
應理之寺
廣明之聖寺
天壽之寺
大佛光之寺

阿育王瑞現塔
東臺之頂
中天之閣
大法華之寺
河北道鎮州

◀ 第 61 窟　西壁　五臺山圖(局部)　五代

相傳，五臺山是文殊菩薩居住的聖地，歷來受到人們的敬仰，五臺山圖也因此盛傳於世。這幅五臺山圖高 3.42 米，寬 13.45 米，是現存最大的五臺山圖，它西起山西太原、東到河北正定，描繪了以五臺山寺院爲主體的大小建築六十七所、各種感應故事、聖跡、瑞像、高僧、信徒、商賈、行旅等人物活動。圖中山川河流、橋樑道路，既是一幅佛教史跡畫，又是一幅以山水、建築、人物爲主體的歷史地圖。這是此圖的北端下部，圖中榜題“河北道鎮州”即今河北正定。城墻爲板築，上有雉堞，可見三門，門外有護城壕。城外路上，有一行騎馬、牽駱駝的行人，榜題“湖南送供使”。

The Illustration of Mount Wutai (detail) (the West Wall) Cave 61
The Five Dynasties Period (907-959)

▲ 第61窟　東壁南側　供養人　五代

五代乃至宋時，河西節度使曹氏開鑿和重修了一批洞窟，這是其中最大的曹家窟，繪有衆多的供養人畫像。圖中左側第一人是時任河西節度使曹元忠的母親（曹儀金夫人），原爲隴西回鶻公主、故身著回鶻裝，頭戴桃形鳳冠。第二身是曹元忠的姐姐，嫁給甘州回鶻可汗，故也著回鶻裝。第三身也是曹元忠的姐姐，嫁給了于闐國王李聖天爲皇后，她頭戴鳳冠，因于闐盛產美玉，故在她的鳳冠上飾滿了綠色的寶玉。這些貴爲公主、皇后的女供養人，臉上都有貼花裝飾，是古代女子十分崇尚的一種化妝習俗。

Female Donors (the southern section of the east wall) Cave 61
The Five Dynasties Period (907-959)

齊全，從保護馬頭的“面簾”，到保護馬鞍後尻部的“寄生”一應俱全。反映了漢代已有的具裝，到北朝時期已發展爲完備成熟的保護裝備。馬鎧的產生和發展是中國爲世界軍事裝備所做的獨有貢獻。敦煌保留了珍貴的圖像資料。

隋至西夏的尊像畫、樂師經變中的佛、菩薩、弟子手中及供桌上繪畫了玻璃器皿，有碗、杯、鉢、瓶、盤等，它們呈透明、淺藍、淺綠、淺棕色，器型、顏色與紋飾表現出西亞薩珊風格或羅馬風格，説明了這些玻璃器皿是從西亞進口的。壁畫不僅反映了古代玻璃工藝的特點，還反映了中西的玻璃貿易。

### 百科全書式的敦煌藏經洞文獻

1900年6月22日（清光緒二十六年五月二十六日），敦煌莫高窟下寺道士王圓籙在清理今編第16窟的積沙時，於無意間偶然發現了藏經洞（即今第17窟），從中出土了公元4～11世紀的佛教經卷、社會文書、刺繡、絹畫、法器等文物5萬餘件。這一震驚世界的發現，爲研究中國及中亞古代歷史、地理、宗教、經濟、政治、民族、語言、文學、藝術、科技提供了數量極其巨大、內容極爲豐富的珍貴資料，被譽爲“中古時代的百科全書”、“古代學術的海洋”。

敦煌文獻中，大約百分之九十是佛教文獻。現存敦煌佛經中最早的寫卷是日本中村不折所藏的《譬喻經》，經末題記云：“甘露元年三月十七日於酒泉城內齋叢中寫訖。”“甘露元年”即前秦甘露元年，公元359年，這也是藏經洞敦煌文獻的最早紀年。佛教經典中，經、律、論三類經典應有盡有，而最有價值的則是禪宗經典和三階教經典。敦煌文獻中還發現了迄今爲止最早的《六祖壇經》，對於慧能禪宗思想的形成十分重要，與宋代以後的《壇經》多有不同。敦煌文獻中也保存了不少三階教經典，如《三階佛法》、《三階佛法密記》、《佛説示所犯者法鏡經》、《三界佛法發願法》等，它的發現，爲佛教研究增添了新的內容。

敦煌佛經還有不少藏外佚經（即《大藏經》中未收佛經），不僅可補宋代以來各版大藏經的不足，還爲佛教經典和佛教史的研究打開了新的門徑。敦煌佛經中還有不少被認爲是中國人假托佛説而撰述的經典，即所謂“僞經”，這些疑僞經反映了中國佛教的特點，是研究中國佛教史的寶貴資料。敦煌文獻中的梵文、古藏文、回鶻文、于闐文、吐火羅文及與漢文對照的佛經，對摸清漢譯佛經的來源以及考證佛經原文意義作用很大。敦煌文獻中各類佛經的目録也不少。此外，敦煌佛經，尤其是隋唐時期的寫經，由於校勘精良、錯訛較少，對校勘唐以後的印本佛典也大有裨益。

敦煌文獻中還有一批寺院文書，其中包括寺院財產賬目、僧尼名籍、事務公文、法事記録以及施入疏、齋文、願文、燃燈文、臨壙文等，是研究敦煌地區佛教

社會生活不可多得的材料。

敦煌是古代佛教聖地，道教的發展遠不如佛教，但在唐朝前期，由於統治者推崇老子，道教一度興盛起來，因而，在敦煌文獻中也保存了爲數不少的道教典籍。敦煌文獻中的道教經卷約有500號左右，主要爲初唐至盛唐的寫本。而紙質優良、書法工整、品式考究則是敦煌道教文獻的一大特色。

除佛教、道教文獻外，敦煌文獻中還保存了有關摩尼教、景教文獻，爲我們瞭解古代中西文化交流提供了重要歷史證據。

敦煌文獻中的歷史、地理著作、公私文書等，是我們研究中古社會的第一手資料。以史籍而言，敦煌文獻中除保存了部份現存史書的古書殘卷外，還保存了不少已佚古史書，這些史籍不僅可補充歷史記載的不足，而且可訂正史籍記載的訛誤。敦煌文獻中的批地理著作，也十分引人注目，這些已亡佚的古地志殘卷，是研究唐代地理的重要資料。敦煌文獻中還有關於西北地區，特別是敦煌的幾種方志，更爲史籍所不載，如《沙州都督府圖經》、《沙州伊州地志殘卷》、《壽昌縣地境》、《沙州地志》等，對敦煌乃至西北歷史地理的研究十分重要，每一件都是彌足珍貴的史料。

關於歸義軍統治敦煌的歷史，在兩《唐書》、《資治通鑒》，以及新、舊《五代史》、《宋史》等正史中記

▲ 榆林窟第25窟　北壁　耕穫圖　中唐

佛經中說：在彌勒之世，農人播種一次便可收穫七次，即所謂“一種七收”。人們無須年年辛苦、四季操勞，過著衣食無愁的安樂生活。畫面無法把七年的時空形象展現出來，衹客觀形象地描繪出了農家一年四季耕田、播種、收割、揚場等生産勞動的場景。作品手法寫實，形象生動、傳神，富有濃鬱的生活氣息。

Ploughing and Harvesting (the north wall) Cave 25 of the Yulin Grottoes
Mid-Tang Dynasty (781-847)

第465窟　南壁中部　石碓師　元

圖中畫一綠色帷帳，帳上有墨花裝飾。帳下的上師身體半裸，腰束短裙，佩戴瓔珞、耳鐺、臂釧等飾物，雙手扶著把手，正用左腳踏石碓。上師旁邊坐著一人，也是裸身短裙，俯著身，正在簸米。單就圖中人物的行爲動作來看，這無疑是一幅椿米圖。衹是敦煌一帶不産稻米，也没有椿米的石碓和這種加工方法。

The Master of Pounding Rice (the middle section of the south wall) Cave 465
The Yuan Dynasty (1227-1268)

第23窟　北壁西側　雨中耕作　盛唐

這是法華經變中的藥草喻品：空中烏雲密佈，細雨綿綿，地上阡陌交錯，藥草茵茵，農夫們不辭辛苦，有的挑擔，有的耕田，農婦把飲食送到田間地頭，農夫小憩進食。作品散發著泥土的芬芳，充滿了樸實自然的生活情趣，恰似一首優美的田園詩。

Ploughing in the Rain (the western section of the north wall) Cave 23
High Tang Dynasty (705-780)

▲ 第285窟　南壁　五百強盜成佛　西魏

這幅長卷式的畫面描述的是五百個強盜成佛的故事。經文裏説：有五百個人造反爲盜，官兵前往鎮壓，強盜們戰敗被俘，遭受剜眼等酷刑，並被放逐山林。佛以法力使強盜們雙眼復明，爲其説法，衆強盜從此皈依佛門，隱居修行，終成佛果。畫面自左至右，繪製了作戰、被俘、審訊、受刑、放逐、復明、説法、出家等八個情節。以山林房舍等自然環境爲背景，以五個人表示五百人，設色清淡，綫描精細清晰，形象生動傳神。穿插點綴於山林間的野獸和狩獵等形象使畫面在叙事的同時更具天然的情趣和意境。

The Story of Five Hundred Bandits Becoming Buddhas (the south wall) Cave 285
The Western Wei Dynasty(535-556)

載都非常簡略，且錯誤很多，人們對這段歷史的情況衹有零星的瞭解。敦煌文獻中有關這段歷史的資料在上百種以上，數十年來，學者們根據這些資料，基本搞清了這段歷史，從而使這段歷史有年可稽，有事足紀，千載墜史，終被填補。

敦煌文獻中還保存了大量中古時期的公私文書，這些未加任何雕琢的公私文書，是我們研究中古時期社會歷史的第一手資料。這些公私文書，都是當時人記當時之事，完全保存了原貌，使我們對中古社會的細節有了更深入的瞭解，對研究中古社會歷史至關重要。

▲ 第 85 窟　南壁　報恩經變、親近品(部份)　晚唐

圖中故事說：在深山裏有一隻威武的雄獅，它的皮毛是美麗的金色，人們稱它爲金毛獅子。金毛獅子親近佛門，經常去聽沙門誦經。有一個貪婪的獵人想得到金毛獅子，用它的皮毛去換取功名利祿，但他無法接近勇猛的雄獅，便扮作沙門引誘獅子，乘獅子不防，殘忍地用毒箭射死了獅子，剥下皮毛獻給了國王，國王得知詳情後處死了獵人，並把獅子皮毛火化後建塔供養了起來。圖中是誘獅、射殺、剥皮三個情節。

The Illustration of the Baoíen Sutra (a section of the south wall) Cave 85
Late Tang Dynasty (848-906)

◀ 第 285 窟　南壁　五百強盜成佛之作戰場面　西魏

圖中手執盾牌、刀矛、徒步作戰的五個人是五百強盜，騎馬的官兵個個頂盔披甲，戰馬身上也大都披著護身的鎧甲，僅露出雙眼和馬腿的下部，畫面生動，形象清晰具體。其中人和戰馬的防身鎧甲爲我們提供了珍貴的形象資料.

The Story of Five Hundred Bandits Becoming Buddhas (battle scene) (the south wall) Cave 285
The Western Wei Dynasty(535-556)

▶ 榆林窟第 4 窟　北壁　靈鷲山說法圖　元

釋迦牟尼在靈鷲山說法時，多寶塔從地下湧出，多寶佛請釋迦入塔並坐說法，寶塔冉冉升空，萬衆歡騰。圖中並坐的釋迦、多寶二佛爲菩薩裝，頭戴寶冠，長髮捲曲披肩，裸上身，著短裙，佩飾耳環、瓔珞、環釧。須彌座下是蓮花水池，池中一粗大枝幹直通塔內，上承寶盤、盤內有三座寶塔。二佛上方各有五佛乘雲而來。圖中人物面相略長，眼呈弓形，鼻樑高挺，下頦微凸，以及椎形的髮髻和較多裸露的衣著，都帶有明顯的西藏密教藝術特徵，是新興的梵式藝術風格。

Buddha Preaching the Law in Grdhrakuta (the north wall) Cave 4 of the Yunlin Grottoes
The Yuan Dynasty (1227-1368)

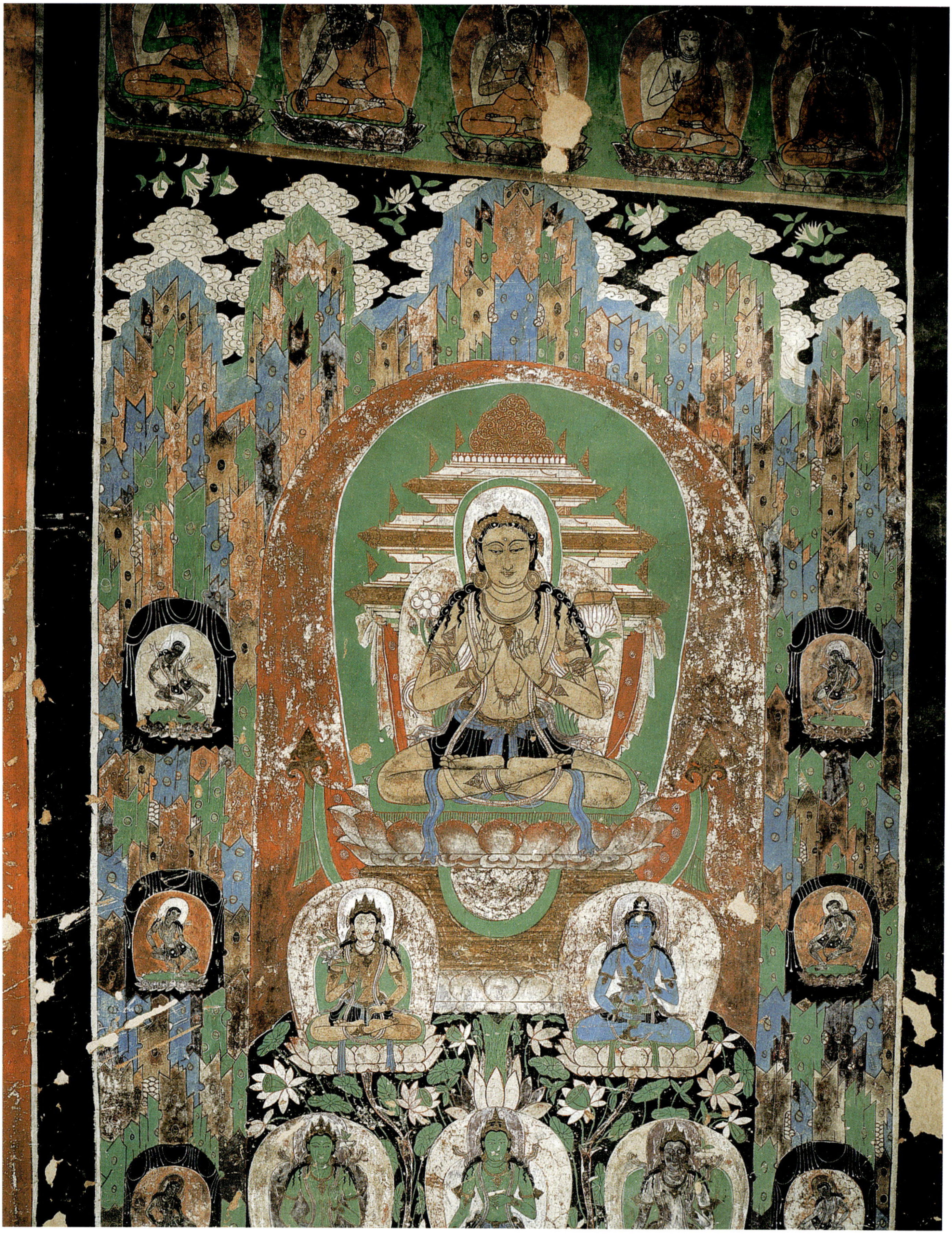

◀ 榆林窟第4窟　南壁東側　白度母　元

藏傳佛教認爲度母是觀音菩薩的化身，並把文成公主看作白度母的化身，把松贊干布的尼泊爾妃子尺尊公主看作綠度母的化身。圖中白度母頭戴寶冠，捲髮披肩，上身半裸，腰束黑色短裙，身佩瓔珞、釧環，背倚寶塔，結跏趺坐於蓮臺寶座之上。其繪畫風格、人物造型都帶有顯著的藏傳密教藝術特徵。

White Tara (the eastern section of the south wall) Cave 4 of the Yulin Grottoes
The Yuan Dynasty (1227-1368)

▼ 第227號經卷　大般涅槃經第八如來性品第四之五　六朝

這是出自莫高窟前土地廟（已毀）的殘經，現存敦煌研究院，經長165釐米，寬27.5釐米，爲六朝遺物，共一百行，文字爲寫經體，秀麗規正，但異體字多，經文尾部殘缺。

Mahaparinirvanasutra (section) No.227
The Six Dynasties

敦煌文獻中保存的大量珍貴文獻資料更爲引人注目。它包括《詩經》、《尚書》、《論語》等儒家經典及詩、歌辭、變文、小説、俗賦等，文學作品除文人作品和某些專集、選集的殘卷外，大多都是民間文學作品。

敦煌文獻中的儒家經典，最具學術價值的是它對今本儒學典籍的校勘價值。其中《古文尚書》是我們今日所見到的最古的版本，東漢經學大師鄭玄所著《論語鄭氏注》，更是失而復得的可貴資料，鄭玄注《毛詩故訓傳》，南朝徐邈《毛詩音》則最爲詩經研究者所重視。

敦煌文獻中保存的詩歌數量很多，其中尤以唐五代時期爲最多，大致包括佚存的唐代詩人之作、敦煌本地詩人之作、釋氏佛徒之作、敦煌民間詩歌幾個方面。敦煌佚存的唐代詩人之作，最著名的是韋莊的《秦婦吟》和王梵志的詩。敦煌歌辭，過去一般稱爲曲子詞，除少數文人作品外，大多數來自民間，作者幾乎滲透於社會的各個階層。在這些歌辭中，值得一説的是《云

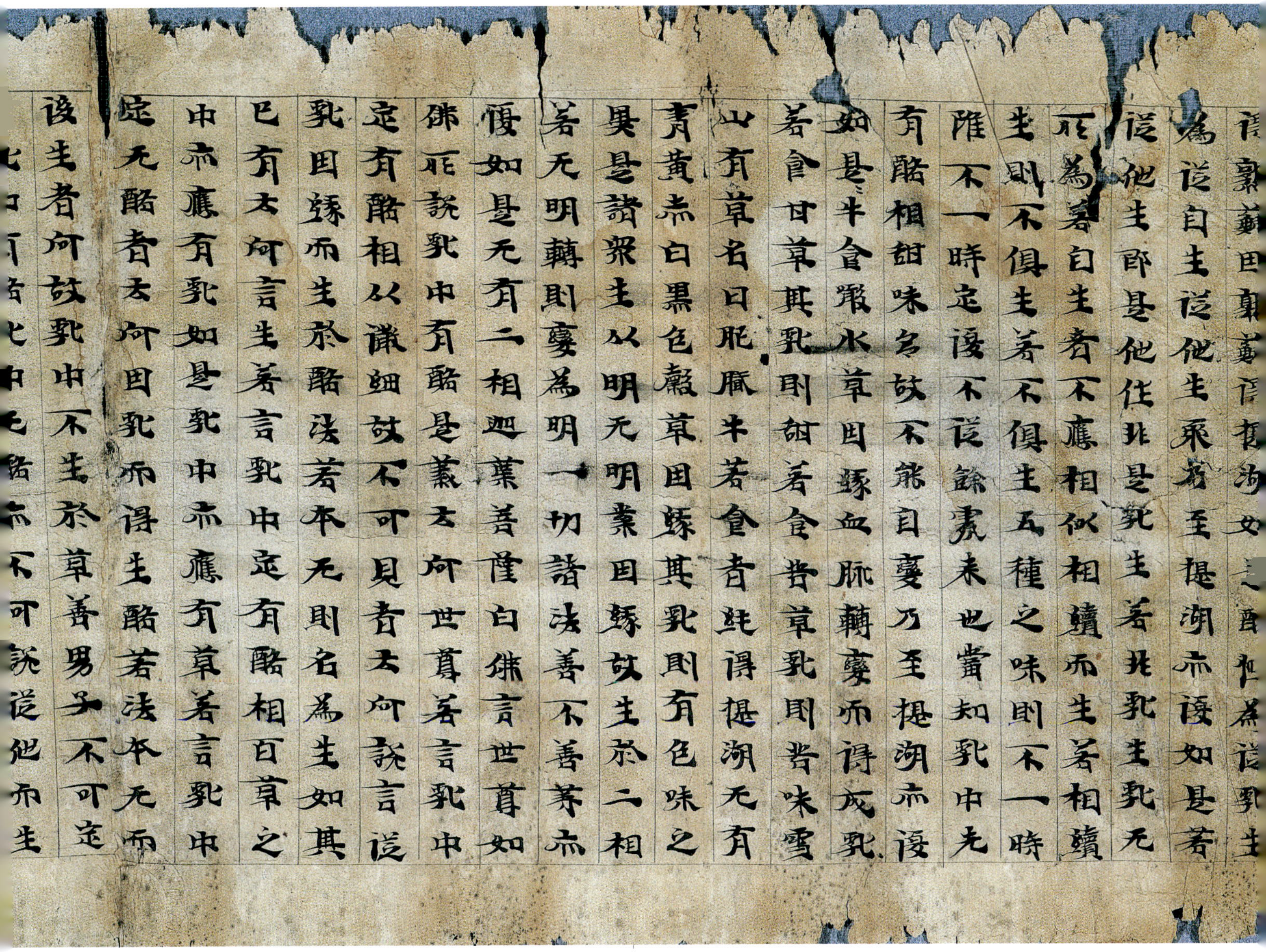

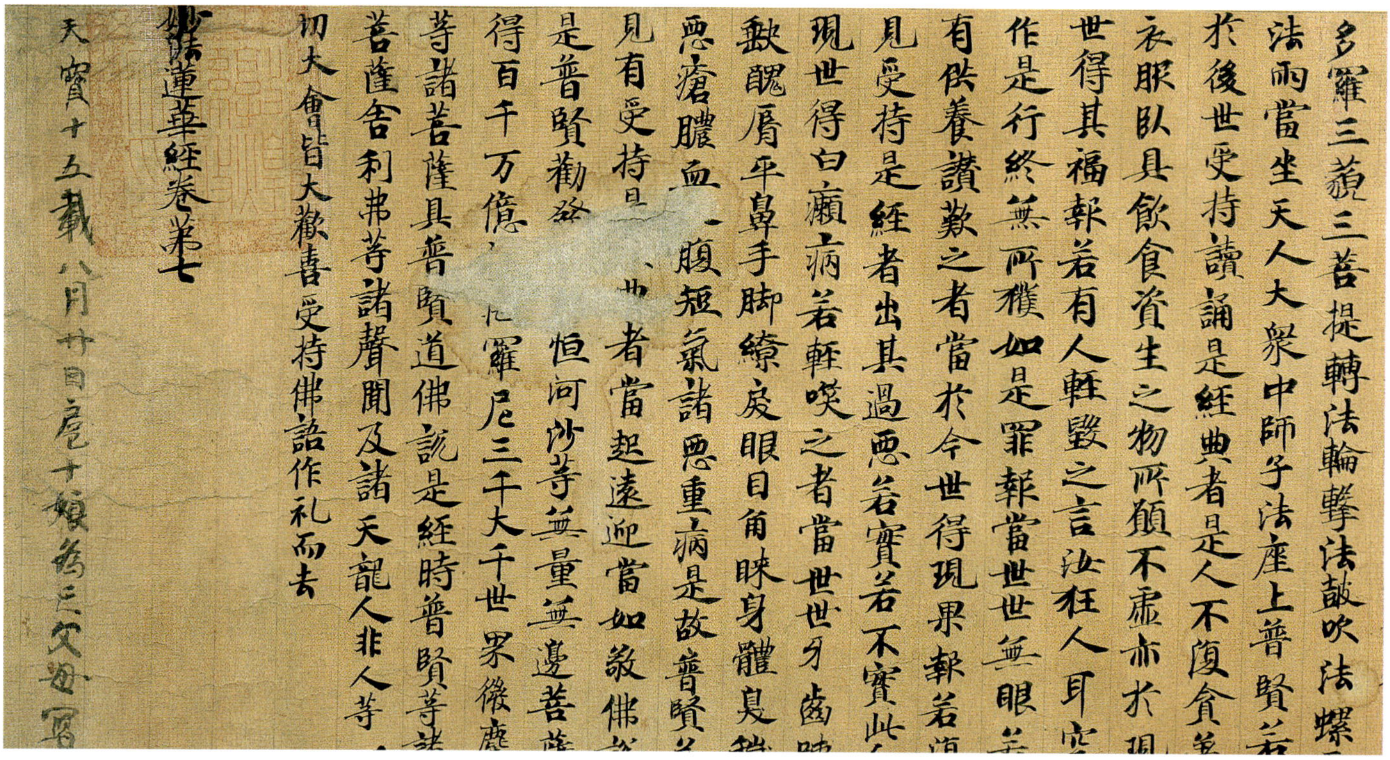
多羅三藐三菩提轉法輪擊法鼓吹法螺
法雨當坐天人大衆中師子法座上普賢若
於後世受持讀誦是經典者是人不復貪著
衣服臥具飲食資生之物所願不虚亦於現
世得其福報若有人輕毀之言汝狂人耳空
作是行終無所獲如是罪報當世世無眼若
有供養讚歎之者當於今世得現果報若復
見受持是經者出其過惡若實若不實此人
現世得白癩病若輕笑之者當世世牙齒踈
缺醜脣平鼻手脚繚戾眼目角睞身體臭穢
惡瘡膿血[illegible]腹短氣諸惡重病是故普賢若
見有受持[illegible]者當起遠迎當如敬佛說
是普賢勸發[illegible]恒河沙等無量無邊菩薩
得百千万億[illegible]羅尼三千大千世界微塵
等諸菩薩具普賢道佛說是經時普賢等諸
菩薩舍利弗等諸聲聞及諸天龍人非人等
一切大會皆大歡喜受持佛語作礼而去
妙法蓮華經卷第七
天寶十五載八月廿日扈十娘為亡父母寫

謠集雜曲子》的發現，這個集子編選了30首作品，從時間上看，明顯早於傳世的《花間集》、《尊前集》，爲研究詞的起源、形式及內容，提供了寶貴的材料。敦煌歌辭由於作者的廣泛性，極大地影響了題材內容和創作風格，使得它的題材內容豐富多樣，藝術風格多姿多彩。另外，一些民間小唱如《五更轉》、《十二時》、《十二月》、《百歲篇》、《十恩德》等，也屬於敦煌歌辭這一範疇。變文是敦煌文學中最引人注目的一部份。所謂變文，是一種韻文和散文混合在一起用於說唱的通俗文學體裁。變文作爲一種新的文學體裁，過去竟不爲世人所知，幸賴敦煌變文的發現，纔使這一問題水落石出，從而解決了中國文學史上許多懸而未決的問題。敦煌文獻中的話本小說主要有《唐太宗入冥記》、《秋胡小說》、《韓擒虎話本》、《廬山遠公話》等，爲後世白話小說的發展開拓了道路。敦煌俗賦有《韓朋賦》、《晏子賦》、《燕子賦》、《醜婦賦》等，是古代辭賦通俗化的產物，和文人賦有明顯區別。此外，還有如講經文、因緣、押座文、佛贊、偈頌等文體的作品中，也有不少文學性很強的佳作。

敦煌文獻中還保存了一些重要的語言學資料，如《玉篇》、《切韻》、《一切經音義》、《毛詩音》、《楚辭音》、《正名要錄》、《字寶》、《俗務要名林》等。

敦煌文獻中的科技史料，則是中國科技史上的一枝奇葩。科技資料主要有數學、天文學、醫藥學、造紙術和印刷術等方面的內容。數學方面有《九九乘法歌》、《算經》、《立成算經》等，這些都是我國現存算術中最早的寫本，是研究中國數學史的重要史料。天文學方面，有《二十八宿次位經和三家星經》、《全天星圖》、《紫微垣星圖》

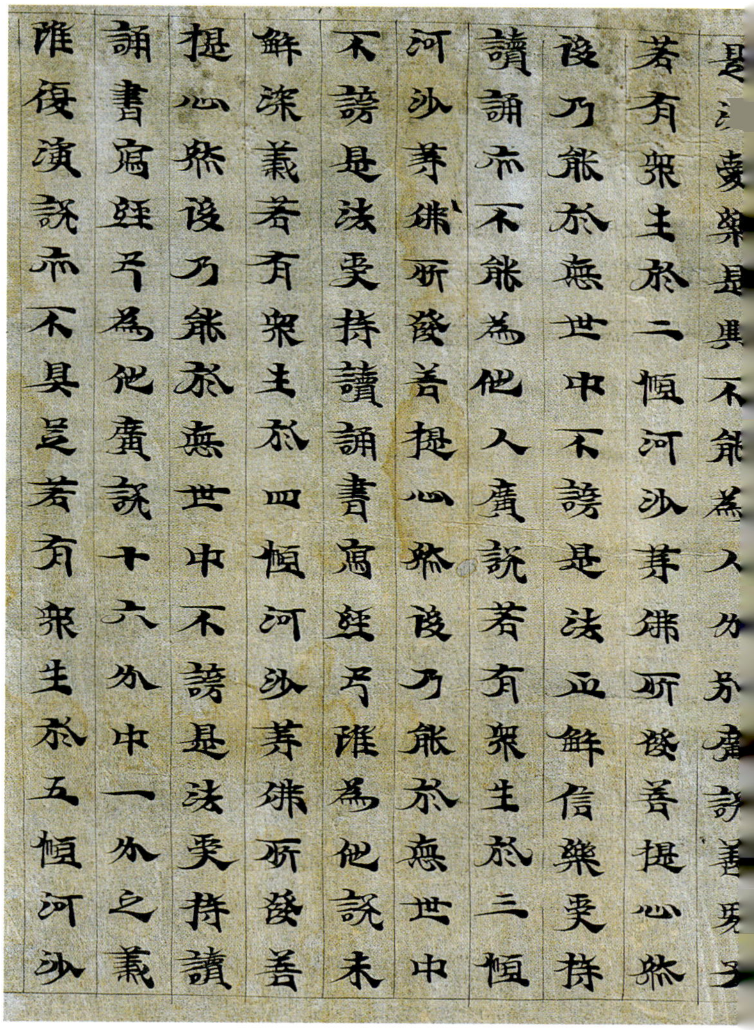
若有衆生於二恒河沙等佛所發菩提心然
後乃能於惡世中不謗是法正解信樂受持
讀誦亦不能為他人廣說若有衆生於三恒
河沙等佛所發菩提心然後乃能於惡世中
不謗是法受持讀誦書寫經卷雖為他說未
解深義若有衆生於四恒河沙等佛所發善
提心然後乃能於惡世中不謗是法受持讀
誦書寫經卷為他廣說十六分中一分之義
雖復演說亦不具足若有衆生於五恒河沙

◀ 第674號經卷　妙法蓮花經卷之第二十八　盛唐

經卷長198釐米，寬26.1釐米，字體爲楷書，從蘭州張令宜處購得，現存敦煌研究院。經文末行有“天寶十五載八月二十五日扈十娘爲亡父母寫”字樣，由此可知此經爲唐代，天寶十五載即公元756年。經上蓋有“敦煌縣政府”大印一枚。

Saddharmapundarikasutra (section) No.674
High Tang Dynasty (705-780)

▼ 第228號經卷　大般涅槃經第六如來性品第四之三　六朝

這是與第227號同時出於莫高窟土地廟的六朝經文，長332釐米，寬27.6釐米，共一百九十行，頭尾殘缺，字體與227號相同，現存敦煌研究院。

Mahaparinirvanasutra (section) No.228
The Six Dynasties

等，它表明我國天文學在當時已處於世界領先水平，同時也爲我國天文學和天文學研究提供了不可多得的資料。古代，天文和曆法是密不可分的，敦煌曆日大部份是由敦煌人自己編製的，其中《宋雍熙三年（986）丙戌歲具注曆日並序》已引用了西方基督教的星期制。醫學類的文獻，目前所知，至少在60卷以上，如果再加上佛經中的醫學內容，則有近百卷，大致可分爲醫經、針灸、本草、醫方四類。這些醫書不僅爲傳世醫書的校勘提供了較爲古老的版本，同時，出於這些醫籍中保存了一些久已失傳的診法、方藥，提供了一些不爲人所知的內容，不僅對醫學史研究有意義，而且在今日臨床醫學中也有一定參考價值。敦煌文獻保存了4～11世紀連續不斷的紙張樣本，是研究造紙術的活材料。敦煌文獻中的唐咸通九年（868）《金剛般若波羅蜜經》，是現存最早的雕版印刷品，也是中國發明印刷術的實證。這些科技史料的發現，再次向世人證明中國科學技術在古代居於領先地位。

敦煌文獻中除大量漢文文獻外，還有相當數量的非漢文文獻，如古藏文、回鶻文、于闐文、粟

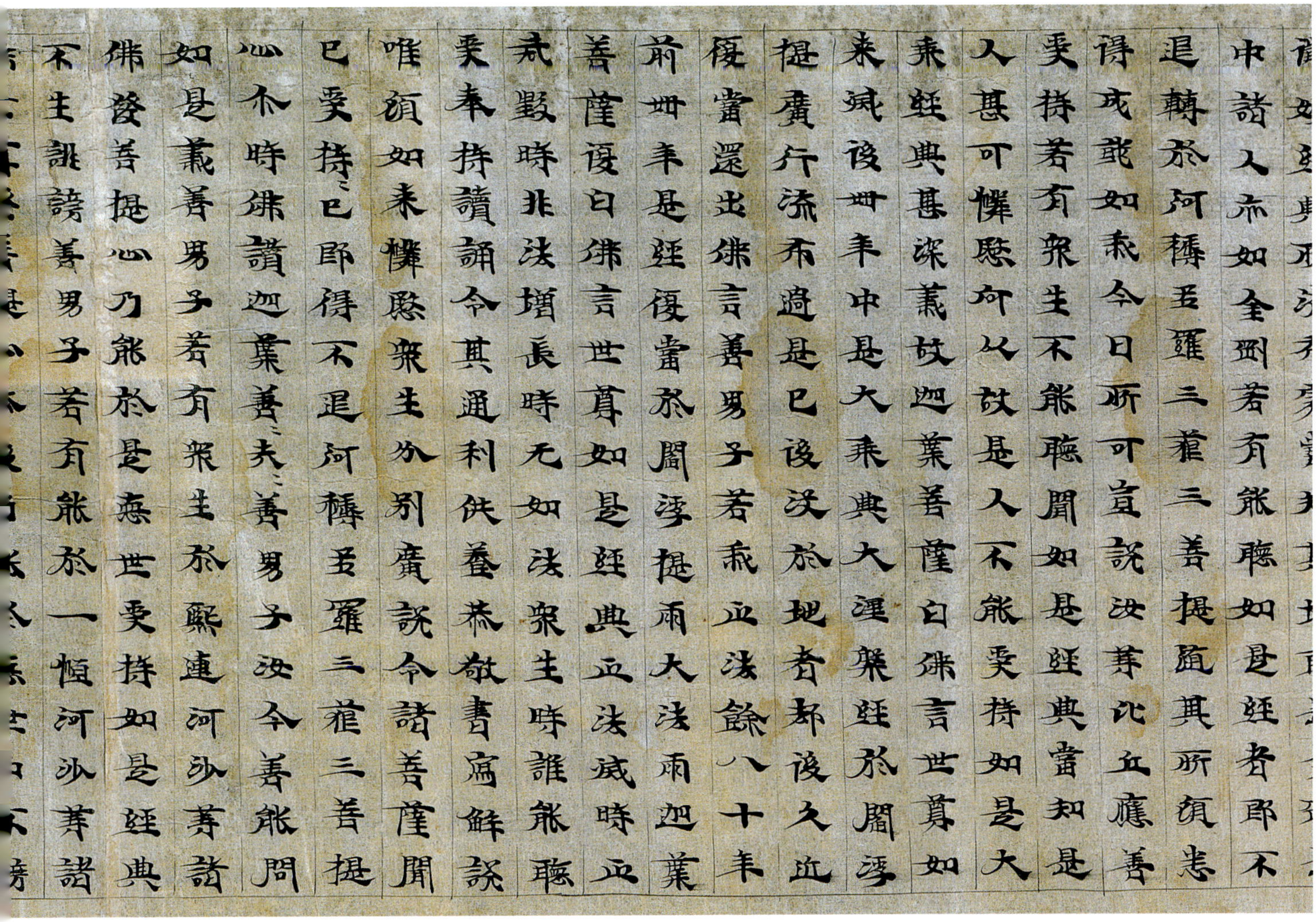

特文、龜兹文、梵文、突厥文等，這些多民族語言文獻的發現，對研究古代西域中亞歷史和中西文化交流有不可估量的作用。

敦煌文獻還保存了一些音樂、舞蹈資料，如琴譜、樂譜、曲譜、舞譜等，這不僅使我們能够恢復唐代音樂與舞蹈的本來面目，而且將進一步推動中國音樂史、舞蹈史的研究。

敦煌石窟和敦煌文獻的豐富内涵和珍貴價值，不僅受到中國學者的極大重視，而且吸引了世界許多國家的衆多學者競相致力於對它的研究，遂在本世紀形成了一門國際顯學——敦煌學，在20世紀國際人文社會科學領域内大放異彩。

第670號經卷　添品妙法蓮花經觀音普門品　西夏

經文爲西夏文，出自莫高窟土地廟，共26頁半，每頁5行，每行10字，上有版畫，現存敦煌研究院。

Saddharmapundarikasūtra (section) No.670
The Western Xia Dynasty (1036-1226)

CHINA DUNHUANG


圖書在版編目（CIP）數據

中國敦煌 / 吴健攝，樊錦詩撰文 .—南京：江蘇鳳凰美術出版社，2000.6（2023.12 重印）
ISBN 978-7-5344-1108-3

Ⅰ. 中 ... Ⅱ. ①吴 ... ②樊 ... Ⅲ. 敦煌石窟—攝影集 Ⅳ. K879.21

中國版本圖書館 CIP 數據核字（2000）第 32527 號

主　　編　樊錦詩
副 主 編　吴　健（執行）
撰　　文　樊錦詩
攝　　影　吴　健
圖片説明　馬兢馳
英文翻譯　軛　蓉

項目統籌　程繼賢
責任編輯　郭　淵
責任設計編輯　郭　淵
封面設計　朱成粱
責任校對　陸鴻雁
英文校對　蔣　璟
責任監印　生　媛

書　　名　中國敦煌
出版發行　江蘇鳳凰美術出版社（南京市湖南路 1 號　郵編：210009）
制　　版　南京新華豐制版有限公司
印　　刷　江蘇鳳凰新華印務集團有限公司
開　　本　889mm × 1194mm　1/16
印　　張　10
版　　次　2000 年 6 月第 1 版　2023 年 12 月第 9 次印刷
標准書號　ISBN 978-7-5344-1108-3
定　　價　320.00 圓

營銷部電話　025-68155675　營銷部地址　南京市湖南路 1 號